Die englische Strafprozeßpraxis und die deutsche Strafprozeßreform.

Von

Dr. jur. Karl Weidlich.

Berlin 1906.
J. Guttentag, Verlagsbuchhandlung,
G. m. b. H.

Inhalt.

Die kommende Reform soll unserem Strafprozesse mehr Einfachheit und Volkstümlichkeit geben. Da ist es sicherlich gerechtfertigt, zuvor Umschau zu halten, ob wir bei einem modernen Volke einem einfacheren und volkstümlicheren Strafprozesse begegnen und welche Antwort er auf unsere Reformfragen giebt. Es ist das englische Recht, welches von diesem Gesichtspunkt aus am meisten interessiert.

Auch die nunmehr abgeschlossenen Arbeiten der Strafprozeßkommission lassen eine Vergleichung nicht überflüssig erscheinen. Einerseits tritt dadurch die Bedeutung dieser tiefgehenden, weitherzigen und großzügigen Arbeiten, die ein bleibendes ehrenvolles Denkmal für den so viel zu Unrecht angefeindeten deutschen Juristenstand darstellen, um so heller hervor. Bringen sie doch vor allem ein Zugeständnis an die Laienwelt, wie es keine andere moderne Nation gemacht hat: — die Besetzung sämtlicher Gerichte erster und zweiter Instanz mit Laienrichtern neben einer Minderzahl von Berufsrichtern. Viele Schwerfälligkeiten unseres bisherigen Prozesses sollen beseitigt und ein entwicklungsfähiges abgekürztes Verfahren geschaffen werden. Andererseits ist aber die Befürchtung nicht abzuweisen, daß manche Beschlüsse der Kommission neue Erschwerungen unseres Verfahrens bedeuten, und die Beibehaltung von Resten des Inquisitionsprozesses, wie Voruntersuchung und namentlich Vernehmung des Beschuldigten, sowie der bürokratischen Vielschreiberei, zu der uns das Gesetz zwingt, wird manchen enttäuschen.

Das Strafprozeßrecht der modernen Völker ist im allgemeinen theoretisch konstruiert und stellt zugleich einen widerspruchsvollen Kompromiß der politischen Parteien dar, unter dem die Rechtsanwendung und der Richter selber leidet. Das englische Recht dagegen ist auf den Grundlagen der Normannenzeit im Laufe der Jahrhunderte hauptsächlich in der Hand der Richter emporgewachsen und hat sich den Zusammenhang mit seinem Ursprung als Volksrecht bewahrt. Es ist nach vielen Richtungen unentwickelt, andererseits schleppt es eine Menge altertümlichen Gerümpels und Formelkrams mit sich, was neben der

Abneigung des Engländers gegen theoretisches Arbeiten überhaupt das Entstehen einer Strafrechtswissenschaft verhindert hat. Trotzdem ist der Strafprozeß in seinen Grundzügen einfach und im höchsten Grade volkstümlich, und eben darum auch modern geblieben. Weil es aber ein gewachsenes, nicht ein theoretisch konstruiertes Recht ist, so ist zwar ein Kopieren völlig ausgeschlossen, doch bietet es uns in seinen Grundgedanken auch heute noch wertvolle Vergleiche und Anregungen. Vor allem hat es sich den Anklageprozeß und den Grundsatz der Mündlichkeit und Unmittelbarkeit rein bewahrt.

Zum leichteren Verständnis des von dem unsrigen durchgängig verschiedenen englischen Prozesses und zur Entlastung der Einzelausausführungen wird hier eine Übersicht über die Gerichtsorganisation und den Rechtsgang, insbesondere die Einleitung des Verfahrens vorangeschickt (I).

Dann folgt eine Gegenüberstellung der deutschen Reformfragen, der hauptsächlichsten Kommissionsbeschlüsse und des jeweiligen englischen Rechtsstandpunktes (II). Die Darstellung der englischen Praxis beruht auf dem maßgebenden Kommentar von Archbold „Pleading and Evidence in Criminal Cases", auf häufigem Besuch der Gerichtsverhandlungen in und außerhalb Londons und auf Besprechungen mit englischen Richtern und Anwälten. Die eigentümliche englische Ausdrucksweise ist im allgemeinen beibehalten worden. Die Belastung mit Quellenangaben verbietet sich bei dieser anspruchslosen, auch für den Laien verständlichen Übersicht, ebenso ein Eingehen auf andere Aufsätze zur Reform.

Endlich sei mir verstattet, die in England gewonnenen Anregungen in Verbindung mit meinen eigenen mehrjährigen Erfahrungen als Schöffengerichtsvorsitzender und Beamter der Staatsanwaltschaft im Hinblick auf die Reformfragen, und zwar in der Hauptsache nur bezüglich der grundsätzlichen Fragen, in aller Kürze wiederzugeben (III).

I.

Gerichtsorganisation und Rechtsgang in England.

A. Sehen wir von der schottischen und irischen Gerichtsorganisation ab und von den verschiedenen Sonder- und Ausnahmegerichten — vom High Court of Parliament herunter bis zu den University Courts, so hat England als Gerichte mit ordentlichem Verfahren, d. h. mit formeller Anklage (indictment) und Mitwirkung der Jury für die schwereren Straftaten (indictable offences) 3 Strafgerichtshöfe: 1) die King's Bench Division of the High Court of Justice, 2) die Assizes, 3) die Quarter Sessions. Die Kings Bench übt nur noch ausnahmsweise Strafgerichtsbarkeit aus und für London sind Assisen und Quarter Sessions zum Central Criminal Court verschmolzen, so daß England im allgemeinen nur 2 und London gar nur 1 ordentlichen Strafgerichtshof hat.

Daneben bestehen als Strafgerichte niederster Ordnung mit summarischem Verfahren ohne Jury und indictment für die geringeren Straffälle die Police Courts oder Courts of summary jurisdiction. Die Richter heißen Friedensrichter, meistens aber Magistrate. Da wir bei diesem Ausdruck an Verwaltungsbeamte zu denken pflegen, so empfiehlt sich die Bezeichnung Friedensrichter.

Beiläufig mag hervorgehoben werden, daß die alte, von der Theorie noch festgehaltene Einteilung der indictable offences in treason, felony und misdemeanor nur noch in einigen formalen Beziehungen Bedeutung hat. Die Grenzlinien haben sich mehr und mehr verwischt. Heute ist manchmal das nach allgemeinen Anschauungen schwerere Verbrechen misdemeanor, das leichtere felony; so ist Meineid misdemeanor, strafbar mit Zuchthaus bis zu 7 Jahren, während z. B. Diebstahl eines Schafes felony ist, auf der bis ins 19. Jahrhundert Todesstrafe stand und die auch heute noch mit Zuchthaus bis zu 14 Jahren bestraft wird. Das Ergebnis der Entwicklung ist, daß man nur noch 2 Klassen von Straftaten hat — die schwereren indictable offences, die im formellen Verfahren vor Assisen oder Quarter Sessions ihre Sühne finden, und die not indictable offences, die im summarischen Verfahren vor den Friedensrichtern erledigt werden. Bei der vorzüglichen Bewährung des summarischen Verfahrens werden übrigens auch die leichteren indictable offences mehr und mehr dem summarischen Verfahren zugewiesen. Die Scheidung zwischen indictable und not indictable offences („ordentlichen" und „summarischen" Straftaten) beherrscht heute Strafrecht, Strafprozeß und Statistik.

1. Die King's Bench Division of the High Court hat an sich höchste Strafgerichtsbarkeit für alle strafbaren Handlungen, übt sie aber nur noch in den äußerst seltenen Fällen aus, in denen es erforderlich erscheint, mittels eines „writ of certiorari" eine Sache von einem niedrigeren Gerichtshof aufzunehmen, weil bei diesem ein „fair and impartial trial" unmöglich ist oder weil es sich um Rechtsfragen von ungewöhnlicher Schwierigkeit oder Wichtigkeit handelt oder weil die Einsetzung einer besonders ausgewählten Jury geboten erscheint. Die beiden letzten Gründe kamen in dem auch in der kontinentalen Presse besprochenen Falle des Londoner Finanziers Whitaker Wright 1903/04 in Betracht, wo es sich um Millionenverluste und deren Verdeckung durch Bilanzfälschung handelte, wo die berühmtesten Juristen sich für Straflosigkeit dieses Handelns erklärten und deshalb öffentliche Verfolgung abgelehnt wurde, was aber die Geschworenen nicht hinderte, nach Einleitung der privaten Verfolgung zu verurteilen. — Die Richterbank ist im allgemeinen mit 3 Richtern besetzt. Die Richter des High Court sind „judges" und für ihre Person Lords.

2. Die Assizes oder Courts of Oyer and Terminer and General Gaol Delivery haben ähnlich unseren Schwurgerichten Gerichtsbarkeit für Hochverrat, Mord und die übrigen Kapitalverbrechen, für die zahlreichen mit lebenslänglichem Zuchthaus bedrohten Verbrechen, ferner für Gotteslästerung, Meineid, Untreue, Fälschung, Bestechung, Komplott u. s. f. Sie werden von einem Richter des High Court als Einzelrichter, im Notfall auch von einem King's counsel, je auf Grund einer besonderen Bestallung, ähnlich der unserer Schwurgerichtspräsidenten (commission) abgehalten und zwar in den Grafschaften, die in Reisebezirke (circuits) eingeteilt sind, mindestens zweimal, regelmäßig aber dreimal im Jahr, in London beim Central Criminal Court monatlich.

3. Die etwa unseren Strafkammern entsprechenden Quarter Sessions sind für die nicht vor die Assisen gehörenden indictable offences zuständig und besitzen eine Strafbefugnis bis zu 7 Jahren Zuchthaus. Die Entwicklung ist die gewesen, daß man eine Reihe von Straftaten, die man für zu schwer erachtet hat, um sie von einem einzelnen Friedensrichter in den Police Courts aburteilen zu lassen, und mit denen man andererseits auch nicht die Assisen belasten wollte (so neuerdings z. B. die leichteren Betrugsfälle), von den Friedensrichtern

einer Grafschaft bei ihren gemeinschaftlichen Vierteljahressitzungen entscheiden ließ. Bei diesen General Sessions of the Peace für eine Grafschaft ist die Richterbank mit mindestens 2, regelmäßig 3 Friedensrichtern besetzt, an sich können aber auch heute noch sämtliche Friedensrichter der Grafschaft mit Sitz und Stimme teilnehmen. So habe ich gelegentlich bei den Quarter Sessions der Grafschaft Middlesex in Westminster 20 Friedensrichter versammelt gesehen, von denen 14 im einen, 6 im anderen Sitzungssaale saßen und im Wege der Umfrage abstimmten. Der Vorsitzende heißt chairman und ist heute manchmal Jurist; in den Grafschaften außerhalb Londons sind aber die Friedensrichter fast ausschließlich Laien: man denke, welche Strafgewalt hier in die Hände von Laien gelegt ist, ohne daß der Angeklagte praktisch ein Rechtsmittel hat.

An Stelle der allgemeinen Quarter Sessions sind einzelnen größeren Städten besondere sog. Borough Sessions zugestanden, die neuerdings vielfach monatsweise abgehalten werden. Vorsitzender ist ein Jurist, nicht chairman, sondern recorder genannt, der grundsätzlich allein entscheiden kann. — Daß für London der Central Criminal Court sowohl an die Stelle der Assisen als auch der Quarter Sessions getreten ist, ist bereits erwähnt. Doch geht im übrigen die englische Rechtsentwicklung nicht auf eine Verschmelzung dieser beiden Gerichte.

4. Die in den großen Städten mit einem, sonst je nach der Art des Vergehens mit einem oder mit mehreren Friedensrichtern besetzten Police Courts haben eine bedeutendere Zuständigkeit als unsere Schöffengerichte. Ursprünglich war ihre Hauptaufgabe, Friedensbruch zu verhindern und Übeltäter festzunehmen. Allmählich erhielten sie aber Gerichtsbarkeit und in immer steigendem Maße wurden „Summary convictions before magistrates out of Quarter Sessions“ eingeführt. Seit den die höheren Gerichte wirksam entlastenden Summary Jurisdiction Acts von 1879, 1884 u. 1899, sowie dem Youthful Offenders Act von 1901 verhängen sie Geldstrafen bis zu 400 Mk. und unter Umständen höher, an deren Stelle Gefängnisstrafen bis zu 3 Monaten treten können, und Gefängnisstrafen bis zu 6, unter Umständen bis zu 12 Monaten; andererseits haben sie die allgemeine Ermächtigung, in geringfügigen Fällen den Übeltäter entweder ohne Urteil, wenn auch nötigenfalls unter Auferlegung von Buße oder Schadensersatz oder Prozeßkosten laufen zu lassen, oder ihm zwar das Urteil zu sprechen, ihn aber bedingungsweise gegen Sicherheitsleistung

für gutes Betragen oder für Wiedererscheinen auf Vorladung zu entlassen.

Die Friedensrichter in den Police Courts rügen nicht nur Bagatellsachen, wie Übertretungen der Straßen- und Verkehrspolizei (die übrigens ohne Erbarmen teilweise mit Gefängnis bis zu 6 Monaten bestraft werden), gegen zahlreiche Parlamentsakte z. B. über Betrunkenheit, Vagabundieren, Betteln usw., eine Reihe Vergehen wie unbedeutende Diebstähle und Unterschlagungen, ferner Körperverletzungen und tätliche Beleidigungen, sondern neuerdings auch einen beträchtlichen Teil der ordentlichen Straffälle, nämlich: alle strafbaren Handlungen von Kindern (über 7, aber unter 12 Jahren), eine Anzahl strafbarer Handlungen von Jugendlichen (über 12, aber unter 16 Jahren), wie Diebstahl, Unterschlagung, Hehlerei, Transportgefährdung, endlich auch bestimmte Straftaten von Erwachsenen (über 16 Jahren), namentlich einzelne erschwerte Körperverletzungen, sowie Vermögensdelikte bis zum Wert von 40 Mk. allgemein, über 40 Mk. im Falle des Geständnisses. Da die Strafrahmen und auch die tatsächlich verhängten Strafen bei den höheren Gerichten nach unseren Begriffen enorm sind, so findet hier gewissermaßen eine Prämierung des Geständnisses statt, die ausgezeichnet wirkt. Als Rechtsgarantie dient die Bestimmung, daß der Beschuldigte in den mit mehr als dreimonatlicher Strafe bedrohten summarischen Straffällen Verhandlung mit Jury vor den ordentlichen Gerichten verlangen kann, doch habe ich von keinem Falle dieser Art gehört.

Die Police Courts haben insofern noch eine besondere Bedeutung, als vor den Friedensrichtern zugleich das vorbereitende Verfahren für die ihre Zuständigkeit übersteigenden Strafsachen stattfindet. Sie hören danach sämtliche Strafsachen in gleicher Weise und sprechen in den zu ihrer Zuständigkeit gehörenden summarischen Fällen das Urteil, in den ihre Zuständigkeit übersteigenden ordentlichen Fällen die Verweisung vor den ordentlichen Gerichtshof aus, soweit sie nicht den Fall „entlassen". Siehe unten S. 12. So sind sie die feste, einheitliche Basis der englischen Strafrechtspflege geworden. In der Theorie, wo das summarische Verfahren immer noch anhangsweise erörtert wird, kommt diese in der Praxis herausgewachsene organische Stellung des friedensrichterlichen Verfahrens nicht genügend zum Ausdruck.

Da die englische Praxis tatsächlich keine Rechtsmittel mehr kennt, so kann es bei der Darstellung der Erstinstanzgerichte bewenden.

B. Die Eigentümlichkeiten des Rechtsgangs werden verständlich, wenn man sich stets vergegenwärtigt, daß England den reinen Anklageprozeß hat ohne die unser Verfahren belastenden Überbleibsel des Inquisitionsprozesses. Das englische Verfahren ist ein reiner, mündlicher und unmittelbarer Parteiprozeß zwischen dem Kläger und dem Beklagten vor dem würdevoll auf seinem hohen Throne sitzenden, zuhörenden, nicht inquirierenden Richter, mit dem Ziel, dem Richter den Beweis von strafrechtlich erheblichen Tatsachen gegenüber dem Beklagten zu erbringen. Dementsprechend lautet die Aktenbezeichnung gleich wie im Zivilprozeß, — auch in den Fällen öffentlicher Verfolgung („King versus Thomas Smith"). Der Beschuldigte hat die volle Parteistellung. Zur ungestörten Durchführung eines solchen Prozesses mit seinen weitgehenden Zugeständnissen an den Beschuldigten soll diesem andererseits keine Möglichkeit gelassen werden, das Verfahren zu vereiteln, namentlich durch Nichterscheinen. Deshalb ist nach englischer Praxis und Doktrin in allen ordentlichen Straffällen die erste Maßnahme, sich der Person des Beschuldigten zu versichern. Beschuldigter (defendant) und Verhafteter (prisoner) ist gleichbedeutend, die Bezeichnung prisoner wird sogar mit Vorliebe gebraucht; es giebt auch keine „Tagesordnung", sondern einen „Kalender der Gefangenen". Die Verhaftung wird nicht wie bei uns auf dringenden Verdacht, sondern auf Sicherstellung des Erscheinens vor Gericht gestützt. Man belehrt den Ausländer gerne: „Der Mann dort auf der Anklagebank ist bis zum Spruch der Jury genau so unschuldig wie Sie, der Sie als Gast auf der Richterbank sitzen." Und tatsächlich wird möglichst vermieden, vor dem Urteil das Schuld- oder Verdachtsmoment heranzuziehen, wenngleich man es bei der Frage der Verhaftung praktisch nicht ganz entbehren kann. Doch erblickt man in der Verhaftung keinen persönlichen Makel und so nimmt man sie nicht so schwer wie bei uns. Der Beschuldigte hat die Stellung des Beklagten im Zivilprozeß, — nur daß man ihm zur Sicherung des Verfahrens die Freiheit entzieht und sie ihm nur in Ausnahmefällen gegen Sicherheitsleistung beläßt oder zurückgiebt.

Während bei uns die Verhaftung nicht notwendig und auch nicht die Regel ist, ist sie in England die notwendige Einleitung des ordentlichen Strafverfahrens. Danach ist genau genommen im englischen Strafprozeß die Frage nicht die, wer eröffnet und führt die Strafverfolgung, sondern wer kann die Verhaftung eines Übeltäters herbeiführen und in welchen Fällen; hierüber II F. Infolgedessen wird in den englischen Lehrbüchern die Einleitung des Verfahrens unter dem Titel „arrest“ behandelt.

Nur im summarischen Verfahren begnügt sich der Friedensrichter bei einer unbeschworenen Anzeige wie im Zivilprozeß mit einer Vorladung (summons), die kurz den Inhalt der Anzeige (information) wiedergiebt. Die Anzeige ist indessen meist beschworen, da der Anzeigende in der Sitzung des Friedensrichters wie ein sonstiger Zeuge aufzutreten pflegt und auf eine beschworene Anzeige kann der Richter nach Gutdünken Haftbefehl erlassen. Tatsächlich ist auch in den summarischen Fällen die Verhaftung Regel, zumal es sich hauptsächlich um Fälle handelt, in denen der Beschuldigte von der Polizei auf der Straße aufgegriffen worden ist; doch kann in den summarischen Fällen bereits der Polizeibeamte, dem der Beschuldigte nach seiner Festnahme vorgeführt wird, gegen Sicherheitsleistung freilassen.

Als prozeßbetreibende Partei, welche die Verhaftung oder Vorladung des Beschuldigten herbeiführt, kann an sich jedermann auftreten. Andererseits ist aber auch niemand dazu verpflichtet. Verfolgt niemand oder erscheint der Verfolger im Termine nicht oder läßt er die Klage wieder fallen, so bleibt die Straftat ungesühnt und es wird nur gegen den Verfolger wie gegen einen ungehorsamen Zeugen vorgegangen, wenn er, wie das in den ordentlichen Straffällen die Regel ist, gleich den Zeugen bei hoher Geldstrafe zum Erscheinen verpflichtet worden war. Der beliebigen Privatverfolgung sind dadurch sehr wirksame Schranken gezogen, daß an dem Kläger die Kosten hängen bleiben, sofern er nicht eine Verurteilung erzielt und der Verurteilte hinreichendes Vermögen besitzt. Die Staatskasse übernimmt die Kosten der privaten Verfolgung nicht von vornherein; doch haben die Gerichte im Laufe der Zeit die Ermächtigung erhalten, bei jedem Ausgang des Prozesses nach freiem Ermessen zu bestimmen, ob und welche Kosten dem Verfolger vergütet werden sollen. Bei Freisprechung des Beschuldigten oder Fallenlassen der Klage hat der Verfolger ferner die sehr gefährliche Schadensersatzklage wegen böswilliger Verfolgung sicher zu gewärtigen; daher pflegt die Zurücknahme der Klage in der Form eines Vergleichs zu erfolgen, wonach der Kläger die Klage fallen läßt und der Angeklagte auf Geltendmachung von Schadensersatzansprüchen verzichtet.

Eine zur Verfolgung verpflichtete Staatsanwaltschaft in unserem Sinne kennt England im Gegensatz zu Schottland und Irland nicht. Nur bei besonders schweren (Kapital- und Münz-) Verbrechen findet öffentliche Verfolgung statt und zwar durch das Schatzamt, das meist einem hervorragenden Rechtsanwalte die Verfolgung überträgt. Sonst bleibt es dem Verletzten überlassen, in Person oder — so besonders in den ordentlichen Straffällen — durch einen Rechtsanwalt zu verfolgen; so haben sich in dem erwähnten Fall des Whitaker Wright nach Ablehnung der öffentlichen Verfolgung die geprellten Gläubiger zur Aufbringung der großen Kosten der Verfolgung zusammengeschlossen. Um auch dem sozial Schwächeren die Verfolgung von Straftaten zu ermöglichen, bestehen eine Menge von Vereinigungen, die durch ihre Rechtsanwälte verfolgen. Doch heißt es in England: „die kleinen Diebe hängt man, die großen läßt man laufen" — es sei denn, daß ausnahmsweise ein Mächtigerer über sie kommt.

Die notwendige Ergänzung dieses unvollkommenen Systems bilden außer zalreichen Versicherungsgesellschaften, welche den Verletzten entschädigen, die namentlich in der 2. Hälfte des 19. Jahrhunderts in sämtlichen englischen Grafschaften gleichartig ausgebauten machtvollen Polizeiorganisationen. Ein besonderes Criminal Investigation Department hat übrigens sogar die Londoner Polizei erst seit 1878 Die Polizeibeamten übernehmen in den Fällen, in denen sie einen Übeltäter auf frischer Tat oder auf sonstige, richterliche oder private Veranlassung hin (II. F) ergreifen, vielfach auch für den weiteren Gang des Prozesses die Verfolgung, so daß sie bis zu einem gewissen Grade die Staatsanwaltschaft ersetzen. Die Jämmerlichkeit der bei uns vielfach noch bestehenden Gemeindepolizei mit ihrem schlecht ausgelesenen, schlecht ausgebildeten, beständig wechselnden Personal ist in England längst überwunden. Auch im Dorfe findet man den 6 Fuß großen Schutzmann, der eine sorgfältige Ausbildung genossen hat wie unsere staatliche Polizeimannschaft und der unseren Leuten gegenüber den großen Vorteil hat, daß er von dem lästigen Schreiben von Meldungen nahezu befreit ist und in steter, unmittelbarer Fühlung mit dem Gerichte bleibt. Der Polizist ist im Strafprozesse regelmäßig der Hauptzeuge, der mündlich seinen Bericht über die Ergebnisse seiner Nachforschungen erstattet, vom Richter*) unmittelbar seine Anweisungen bezüglich der Fortsetzung seiner Nachforschungen erhält und nicht bloß die Einleitung, sondern die völlige Abwicklung des Strafverfahrens

*) Von der Stellung des Richters gegenüber der Polizei kann man sich eine Vorstellung machen, wenn man bedenkt, daß der unmittelbar unter dem Staatssekretär stehende Polizeipräsident von London „nur" die Stellung eines Friedensrichters hat.

miterlebt. Er bekommt so unter steter Kontrolle des Richters eine kriminalistische Praxis, die es erklärt, daß z. B. die Londoner Polizei bei Entdeckung von Verbrechen trotz der Schwierigkeiten, die der Mangel einer An- und Abmeldepflicht, der Mangel einer Pflicht, den richtigen Namen zu führen u. s. w. mit sich bringt, doch Erfolge hat, die nur wenig hinter den Erfolgen der ausgezeichnet organisierten Berliner Polizei zurückstehen. Diese Umstände bewirken im Verein mit der üblichen Einleitung des Verfahrens durch Verhaftung die außerordentliche Schnelligkeit der englischen Justiz; es ist die Regel, daß die summarischen Fälle binnen 24 Stunden nach der Ergreifung abgeurteilt sind und in den ordentlichen Fällen das Vorverfahren binnen weniger Tage abgeschlossen ist.

Der Verletzte, der eigentlich verfolgen sollte, wird auch da, wo die Polizei verfolgt, als Verfolger (prosecutor) bezeichnet; in den summarischen Fällen macht sein Nichterscheinen den Prozeß hinfällig, in den ordentlichen Fällen pflegt er aber, wie bereits berührt, zum Erscheinen als Zeuge verpflichtet zu werden, falls er die Anzeige erstattet hatte; äußerstenfalls nimmt man ihn bis zur Hauptverhandlung in Haft.

Hat ein Polizist einen Beschuldigten ohne Haftbefehl festgenommen, so führt er ihn mit den Zeugen auf die nächste Polizeistation, wo dann nicht eine mehr oder weniger formlose Vernehmung, sondern vor dem diensttuenden Polizeibeamten eine Gerichtsverhandlung im kleinen stattfindet; die neueren Polizeistationen besitzen einen entsprechend eingerichteten Verhandlungsraum. Der Beschuldigte soll hier so wenig vernommen werden wie vom Richter, seine freiwilligen Äußerungen sind aber sorgfältig zu notieren; er kann an die Zeugen Fragen stellen und kann zur Sache sprechen, wenn die Reihe an ihn kommt, ist aber zuvor zu verwarnen, daß alles, was er aussagt, am folgenden Tage in der Verhandlung gegen ihn werde verwendet werden. Findet der Beamte die Beschuldigung unbegründet, so weist er die Klage zurück und macht einen entsprechenden Eintrag in sein Register; es bleibt dann dem Verfolger überlassen, eine Anzeige bei dem Friedensrichter zu machen und dort um Verhaftung oder Vorladung des Beschuldigten zu bitten.

Erscheint dem Beamten die Klage begründet, so wird der Beschuldigte wie der auf richterlichen Haftbefehl Festgenommene nebst sämtlichen Zeugen binnen 24 Stunden in die Sitzung des Friedensrichters gestellt. Es wird dabei keine formelle Anklage, auch keine lange schriftliche Meldung vorgelegt, sondern nur ein Formular (charge sheet), das die Bezeichnung des Falles in aller Kürze, etwa wie unser Terminskalender, nebst den Namen der Zeugen enthält.

Vor dem Friedensrichter werden nun die Fälle, wie sie in das charge sheet eingetragen sind, — summarische und ordentliche Straffälle in bunter Reihe — in öffentlicher Sitzung durchverhandelt. Die Verhandlung ist in den summarischen Fällen öffentliche Hauptverhandlung, in den ordentlichen Fällen grundsätzlich nur parteiöffentliche Vorverhandlung, tatsächlich ist aber der einzige Unterschied der, daß der Friedensrichter, wenn ihm die Klage begründet erscheint, am Schlusse der Verhandlung in den summarischen Fällen das Urteil, in den ordentlichen Fällen die Verweisung des Beschuldigten zur Hauptverhandlung vor den ordentlichen Gerichtshof (committal oder 'commitment for trial) ausspricht. In beiden Fällen ist die Tätigkeit des Friedensrichters gleicherweise eine rein richterliche, keine untersuchende, er „hört" den Fall. England hat also keine Voruntersuchung in unserem Sinne.

Der Gang der Verhandlung ist hier wie auch bei jedem sonstigen kontradiktorischen Verfahren vor Schiedsgerichten, Kommissionen usw. derselbe wie vor den ordentlichen Gerichtshöfen (S. 16ff.), nur manchmal weniger formell. Eine etwa vorhandene Anzeige (information) wird dem Beschuldigten vorgelesen; sonst tritt der festnehmende Polizeibeamte oder, wer gerade verfolgt, als Zeuge auf und bringt die Anklage mündlich vor. Der Beschuldigte wird darauf gefragt, ob er die Klage „anerkenne" oder ob er Einwendungen vorzubringen habe. Giebt er die Wahrheit der Beschuldigung zu, so ergeht in den summarischen Fällen sogleich das Urteil, andernfalls wird durchverhandelt. In den ordentlichen Straffällen ist das Durchverhandeln auch im Falle des Geständnisses des Beschuldigten Regel, da das Geständnis vor dem Friedensrichter in der Hauptverhandlung vor dem ordentlichen Gerichtshof nur als ein Beweismittel gilt wie andere auch.

Dieses Beweismittel hat allerdings besondere Kraft dadurch, daß man es vornehm verschmäht, irgend welche Einwirkung auf den Angeklagten nach dieser Richtung auszuüben, vielmehr sagt der Friedensrichter: „Sie haben den Beweis gehört; wünschen Sie etwas auf die Anklage zu erwidern? Sie sind dazu nicht verpflichtet, es sei denn, daß Sie es gern tun; was Sie aber sagen, wird niedergeschrieben werden und kann als Beweis gegen Sie in Ihrer Hauptverhandlung verwendet werden". Von einem loyalen Beschuldigten wird jedoch erwartet, daß er ernstliche Einwendungen schon hier, nicht erst in der Hauptverhandlung vorbringe. Die Aussage des Beschuldigten heißt statement.

Der Verfolger stellt dann seine Zeugen der Reihe nach in die Zeugenbox. Die Zeugen sagen unter Eid aus und können vom Richter wie vom Beschuldigten befragt werden. Dann kann der Beschuldigte seine Darstellung des Falles geben, seine Zeugen aufrufen und auf seinen Wunsch selber als beeidigter Zeuge auftreten. Ist die Sache spruchreif und der Beweis vom Ankläger nicht erbracht, so entläßt der Magistrat den Fall (dismisses the case); ist der Beweis dagegen geführt, so spricht er entweder das Urteil oder die Verweisung an die Assisen oder Quarter Sessions aus und verpflichtet die Zeugen zum Eingehen einer recognisance d. h. der schriftlichen Erklärung, bei hoher Geldstrafe, meist 40 Pfd. Sterl. vor dem zuständigen Gerichte am ersten Tage seiner Sitzungsperiode morgens 10 Uhr zu erscheinen. Ist der Fall nicht spruchreif, so veranlaßt der Richter den in dem Falle tätigen Polizeibeamten weitere Nachforschungen anzustellen und die weiteren Beweismittel, soweit sie erheblich sind, herbeizuschaffen. Hier hilft also die Tätigkeit des Richters der Tätigkeit der Parteien nach. Die Fortsetzung der Verhandlung findet, wenn der Beschuldigte verhaftet ist, jeweils binnen einer Woche statt. Die bereits vernommenen Zeugen brauchen nicht wieder zu erscheinen; sie sind ja in Anwesenheit des Beschuldigten vernommen und dem Kreuzverhör unterworfen worden. Protokolliert wird nur in den ordentlichen Fällen; in diesen werden die freiwilligen Erklärungen des Beschuldigten (statement) und die Zeugenaussagen (depositions) vom Gerichtsschreiber kurz protokolliert und sodann vorgelesen. Das Urteil wird vom Richter mündlich ausgesprochen und die Strafe in seinen Terminskalender eingetragen; ein langes schriftliches Urteil wie bei uns giebt es nicht. Die Verweisung erfolgt ebenfalls nur durch mündlichen Ausspruch.

Ist der Beschuldigte verwiesen, so hat die formelle Anklage zu erfolgen, wofür 3 Möglichkeiten bestehen:

1. Der regelmäßige Gang ist folgender: Der Friedensrichter sendet die Akten, welche aus dem etwaigen statement, den depositions und den recognisances bestehen, an das zuständige Gericht. Dessen Gerichtsschreiber, nicht etwa der Staatsanwalt füllt, meist allein, manchmal unter Mithilfe eines Rechtsanwalts die altertümliche gesetzliche Formel für die betreffende Straftat aus. Das ist die Bill of indictment. Sie wird der mindestens aus 12, höchstens aus 23 Geschworenen

bestehenden Anklagejury (grand jury) vorgelegt. Die Anklagejury wird immer erst bei Beginn der Sitzungsperioden der ordentlichen Gerichtshöfe konstituiert; tagt sie zur Zeit des commitment, so wird ihr der Fall sofort vorgelegt; ist die Sitzungsperiode bereits vorüber, so bleibt der Beschuldigte eben bis zur nächsten Sitzungsperiode in Haft.

Die Anklagejury vernimmt in geheimer Sitzung in Abwesenheit des Beschuldigten und ohne Aufnahme eines Protokolls die Zeugen der Verfolgung und nur diese, und verwirft entweder die Anklage durch das Indossament „no bill“ oder genehmigt sie durch das Indossament „a true bill“, wodurch die bill of indictment zum indictment wird. — Daß der Ankläger eine bill of indictment ohne vorheriges oder nach erfolglosem Angehen des Friedensrichters unmittelbar der Anklagejury präsentiert, ist heute unpraktisch.

Über das indictment findet womöglich noch am gleichen Tage die Hauptverhandlung vor den Assisen oder Quarter Sessions statt. Die verschleppenden, zwecklosen Fristen unseres deutschen Prozesses giebt es nicht; der Engländer sieht die wesentlichste Rechtsgarantie darin, daß der Beschuldigte so rasch wie möglich vor den Richter gestellt wird zu öffentlicher Verhandlung.

2. Daneben besteht für misdemeanors, bei denen Gefahr im Verzuge ist, z. B. Aufständen, Wahlumtrieben, Verleitung zu Amtsdelikten, eine heute nicht mehr geübte Möglichkeit der Anklage ohne Anklagejury und indictment, nämlich vermittelst einer criminal information d. h. einer formellen schriftlichen Anklage seitens des Attorney General (information ex officio) oder seitens des Master of the Crown Office (information by the M. of the C. O.), welche der King's Bench Division vorgelegt wird, siehe S. 4.

3. Bei unnatürlichen Todesfällen findet ein besonderes Verfahren zwar mit Anklagejury, aber ohne indictment statt — die Coroner's inquisition, wobei die inquisition an die Stelle des indictment tritt. Wenn dem Coroner ein Todesfall angezeigt wird, beruft er eine Anklagejury, die den Toten besichtigt. Dann werden die Zeugen eidlich vernommen und ihre Aussagen vom Coroner protokolliert. Hierauf hat die Jury zu befinden, ob ein Verbrechen anzunehmen ist oder nicht. Giebt die Jury ihren Wahrspruch auf Mord oder Totschlag ab, so hat der Coroner das commitment for trial auszusprechen bezw. gegen den abwesenden Beschuldigten einen Haftbefehl zu erlassen und die Zeugen zum Erscheinen vor den Assisen zu ver-

pflichten. Der Coroner nimmt also etwa die Stellung des Friedensrichters ein und das Verfahren vor ihm und seiner Jury die Stelle des Verfahrens vor der Anklagejury der ordentlichen Gerichte. Um so bemerkenswerter ist es, daß es üblich geworden ist, den Beschuldigten nach Abschluß der inquisition noch vor den Friedensrichter zu stellen, hier ein commitment for trial und auf Grund dessen ein indictment in der üblichen Weise herbeizuführen. Erklärlich wird das durch die Beliebtheit des friedensrichterlichen Verfahrens, das Bedürfnis nach Vervollständigung des dem Coroner vorliegenden Beweises und nicht zuletzt durch den Wunsch nach einem einheitlichen Rechtsgang.

Der Engländer rühmt sich nicht umsonst, daß er seinen Angeklagten einen vornehmen Prozeß (a fair trial) macht.*) Würdig und exakt, ohne Weitschweifigkeiten und störende Zwischenfälle, wie Mißhandlungen von Zeugen und Sachverständigen, Zusammenstöße der Parteien unter sich und mit dem Richter, geht die Hauptverhandlung vor dem ordentlichen Gerichtshof (Assisen oder Quarter Sessions) ihren raschen Gang. Schon die bei uns so viel vernachlässigte und unterschätzte Frage des Sitzungsraums ist überall mustergiltig gelöst. Hohe, in reicher Architektur gehaltene Säle. An der einen Wand, ihre ganze Länge füllend, auf hoher Ballustrade die Richterbank mit Baldachin; davor die niedrigere Loge des Gerichtsschreibers; an der Wand gegenüber die erhöhte Bar des Angeklagten — ein bis zur Brusthöhe eingeschrankter Raum, in dem der Angeklagte während der Verhandlung steht, ein Schutzmann neben ihm, um jede Störung zu verhüten; davor in der Tiefe des Saales die Tische und Bänke für die Vertreter der Anklage und der Verteidigung. An der einen Seitenwand befinden sich die erhöhten Plätze der Geschworenen, an der andern Seitenwand, manchmal auch im Hintergrunde des Saales, die Plätze

*) Bemerkenswert ist, daß auch gegen Geisteskranke verhandelt werden muß, wobei die Jury angewiesen wird auf „schuldig aber geisteskrank" zu erkennen. Auch für Deutschland verlangt der Psychiater Kreuser in Winnental (Württemberg) Verhandlung anstatt Einstellung gegen Geisteskranke, die noch nicht in gerichtlichem Verfahren entmündigt sind. Er ist ohne Kenntnis der englischen Praxis zur Aufstellung dieser Forderung gekommen und betont namentlich das Gefühl der Rechtsverweigerung bei den Kranken, das sie von Beschwerde zu Beschwerde treibt. Man kann ihm nur beipflichten. Unseren Gerichten, Staatsanwaltschaften, Verwaltungsbehörden und Parlamenten würde viel zeitraubende Arbeit erspart, wenn Geisteskranke entweder bei ihrer ersten Gesetzesverletzung oder, wo erforderlich, vermittelst eines besonderen Verfahrens nach Art unseres zivilen Entmündigungsverfahrens in tunlichst öffentlicher gerichtlicher Verhandlung für kriminell unzurechnungsfähig erklärt würden.

der Zuhörer. In der Ecke zwischen der Richter- und der Geschworenenbank ist die erhöhte Zeugenbox. Die Stellung des über den Parteien thronenden Richters, der sich gegenübertretenden Parteien und des vor die Gerichtsschranken geschleppten Angeklagten ist auch in der Anordnung des Sitzungssaales augenfällig ausgedrückt.

Unter großem Vorantritt zieht der Richter ein. Die für die ganze Sitzungsperiode zuvor vom Sheriff bestimmten 12 Geschworenen befinden sich schon an ihren Plätzen; eine Reservejury ist in Bereitschaft. Die Zeugen sind und bleiben anwesend, sie werden nur aus bestimmten Gründen in Abstand verwiesen. Hinter der Schranke steht ein halbes Dutzend Angeklagte oder mehr, gegen die in der letzten Tagung oder beim Beginne dieser Tagung von der Anklagejury ein indictment gefunden worden ist. Sämtliche Angeklagte, Zeugen und Anwälte haben schon zu Beginn der Sitzungsperiode zu erscheinen, wenn sie auch unter Umständen tagelang warten müssen.

Der Gerichtsschreiber verliest nun ein indictment nach dem andern und fragt jedesmal den Angeklagten: „Schuldig oder Nichtschuldig?" Weiter darf mit dem Angeklagten nicht gesprochen werden. Ein Geständnis wird nicht erwartet. Der Richter hat ja den Angeklagten als völlig unschuldig zu behandeln, solange ihm nicht der Kläger den Schuldbeweis erbracht und die Jury ihren Spruch abgegeben hat. Trotzdem und vielleicht gerade wegen dieses würdigen Standpunkts, der das Wesen des reinen Anklageprozesses bezeichnet, ist die Zahl der Geständigen trotz den schweren Strafen eine im Vergleich zu uns überraschend große.

Auf Strafzumessungsgründe wird nicht von Amtswegen eingegangen; man geht davon aus, daß jedes Verbrechen sein Motiv hat und erkennt regelmäßig auf eine dem Maximum angenäherte Strafe. Will der Angeklagte auch nur einen Strafzumessungsgrund geltend machen, so muß er auf Nichtschuldig plädieren; der Richter fordert ihn wohl auch dazu auf, doch ist das selten, denn im Gegensatz zum deutschen Richter, der in seiner Milde und Peinlichkeit in den Angeklagten dringt, seine Beweggründe und Milderungsgründe anzugeben, und der vielfach, um beim Strafminimum bleiben zu können, Milderungsgründe annimmt, die weder in der Beweisaufnahme noch in den eigenen Behauptungen des Angeklagten hervorgetreten sind, geht der englische Richter davon aus, daß er es mit einem bewußten, nicht zu bevormundenden Menschen zu tun hat, der selber sprechen soll; „jedermann weiß . . ." ist eine beliebte Redewendung englischer Richter.

Sagt der Angeklagte „Schuldig!", so ist damit der Fall erledigt und es ergeht entweder sofort oder am Schlusse der Sitzung das Urteil.

Schweigt der Angeklagte oder sagt er „Nichtschuldig!", so wird in die Verhandlung eingetreten. Da es keine notwendige Verteidigung giebt und infolgedessen der Angeklagte auch in den schwersten Fällen vielfach ohne Rechtsbeistand erscheint, so ersucht der Richter, wo er eine Verteidigung für wünschenswert hält, z. B. bei Kapitalverbrechen, bei rechtlich schwierigen Fällen oder bei der englischen Sprache nicht mächtigen Angeklagten einen der anwesenden Rechtsanwälte um Übernahme der Verteidigung. Diese Verteidigung ist Ehrenpflicht und unentgeltlich.

Der Gerichtsdiener giebt dem Angeklagten in altertümlicher Formel bekannt, daß er, wenn er einen Geschworenen ablehnen wolle, das jetzt vor der Beeidigung der Jury tun müsse; eine Ablehnung ist ungewöhnlich. Hierauf wird die Jury eingeschworen.

Die Verhandlung beginnt mit dem Eröffnungsvortrag des Anklägers (opening the case), worin er sagt, welche Tatsachen er beweisen will und womit. Der Richter fällt ihm ohne weiteres ins Wort, wenn er eine Tatsache für unerheblich oder einen Zeugen für überflüssig hält. Dann ruft der Ankläger seine Zeugen der Reihe nach auf und läßt sie beeidigen. Der Schreiber oder Gerichtsdiener spricht ihnen die Eidesformel*) mehr oder weniger rasch und unverständlich vor und der Zeuge küßt je nach seiner Konfession das neue Testament, das alte Testament, den Koran usw., doch kann er auch nach schottischer Sitte die Hand zum Schwur erheben. Eidesbelehrungen und Eideserinnerungen sind unbekannt; sie würden dem Engländer als Mißtrauensäußerung, als Anzweiflung seines Verantwortungsgefühls erscheinen. Wie das wilde Leugnen vieler deutscher Angeklagten, so ist auch der Standpunkt mancher deutscher Zeugen unbekannt, daß sie nur auf energische Eidesvorhalte und Hinweise auf das Zuchthaus verpflichtet seien, mit der Wahrheit herauszurücken. In seiner Heimat bemüht sich der Engländer im allgemeinen bis in die untersten Volksschichten herunter als Gentleman zu erscheinen, namentlich vor seinem Richter. Das giebt den Gerichtsverhandlungen ihren ruhigen, vornehmen Charakter, den kein inquisitorisches Moment von vornherein beeinträchtigt.

*) Die Formel lautet: „The evidence you shall give to the court and jury sworn between our sovereign Lord the King and the prisoner at the bar, shall be the truth, the whole truth, and nothing but the truth. So help you God!"

Der Ankläger vernimmt seine Zeugen in der Weise, daß er präzise Fragen an sie richtet. Dementsprechend erhält er von den Zeugen — nicht selten zum Nachteil des Angeklagten — meist keine zusammenhängende Darstellung wie bei uns, sondern kurze Antworten. Der Hauptzeuge ist auch hier regelmäßig der Polizeibeamte, der — eine ausgezeichnete Kontrolle! — ausführlich berichtet, unter welchen Umständen er den Angeklagten betroffen, was er über die Tat und ihre Beweggründe bei den Umstehenden, bei der Familie und Nachbarschaft sofort erhoben hat; namentlich giebt er an der Hand seines Notizbuchs wörtlich wieder, was der Angeklagte selbst bei seiner Verhaftung und nachher im Gefängnis gesagt hat.

Der Angeklagte oder sein Verteidiger darf nach jeder Vernehmung eines Zeugen ebenfalls Fragen an ihn richten, aber nicht im allgemeinen kritisieren; es liegt auch keine Versuchung dazu vor, da an den Angeklagten nicht die bei uns vorgeschriebene unzweckmäßige Frage gerichtet werden muß: „Haben Sie auf das Zeugnis etwas zu erwidern?"

Was ein Zeuge unter Eid aussagt, muß nach englischer Auffassung von allen Beteiligten solange als unanfechtbar behandelt werden, als das Zeugnis nicht durch innere Widersprüche oder andere eidliche Zeugnisse erschüttert ist. Dementsprechend ist auch das Kreuzverhör, unter dem man sich bei uns eine Quelle von Mißhandlungen der Zeugen vorzustellen pflegt, in England etwas sehr Zahmes. Meist hat der Angeklagte und sein Verteidiger überhaupt keine Frage, sofern er nicht in der Lage ist, einen Gegenbeweis anzutreten; dann allerdings können die Fragen des Verteidigers so unangenehm werden wie bei uns, sie pflegen aber stets sachlich und höflich zu bleiben, selbst wo es gelingt, einen Zeugen des Meineids zu überführen. Auch Frauen, Mädchen und Kinder legen willig, ruhig und sicher Zeugnis ab, obgleich die hohe Zeugentribüne, wo sich aller Blicke auf den Zeugen richten, den Zeugen viel eher in Verlegenheit setzen könnte als die deutsche Vernehmungsart, wo der Zeuge nur dem Richter gegenübersteht und den übrigen Anwesenden den Rücken bietet.

Der Richter kann den Parteien jederzeit ins Wort fallen und tut das auch sehr häufig, um unerhebliche oder suggestive Fragen abzuschneiden oder selber Fragen zu stellen. Er veranlaßt auch wohl den Ankläger, dessen Beweis nicht zureicht, seine Klage fallen zu lassen und es wird kaum vorkommen, daß er in die Lage versetzt wird, von seiner Befugnis, eine aussichtslose Verhandlung abzubrechen und die

Jury zur Freisprechung anzuweisen, Gebrauch zu machen (to stop the case).*)

Der Verteidiger des Angeklagten eröffnet hierauf seinerseits den Fall, ruft seine Zeugen, darunter eventuell den Angeklagten selber auf, vernimmt sie und läßt sie dem Kreuzverhöre unterwerfen. Der Angeklagte, der keinen Verteidiger hat, kann zunächst selber Zeugnis ablegen und dann seine Zeugen aufrufen. Er muß als Zeuge beeidigt werden und hat im Kreuzverhör jede Frage zu beantworten mit Ausnahme solcher Fragen, die auf eine andere Straftat Bezug haben oder seinen schlechten Leumund erweisen sollen.

Es macht auf den deutschen Juristen zuerst einen eigentümlichen Eindruck, wenn gelegentlich am Ende der Beweisaufnahme der Angeklagte auf die Zeugentribüne steigt, beeidigt wird und auf die ihm vorgelegten Fragen aussagt. Das Anfechten eidlicher Zeugnisse ist ohne Beibringung beachtlichen Tatsachenmaterials nicht gestattet; die Zeugenvernehmung soll ihm Gelegenheit geben, den vorliegenden Beweis zu entkräften. Da niemand genötigt werden soll, sich selbst zu belasten, darf er nicht als Angeklagter vernommen werden. Bedarf man eines Zeugen, so verwendet man lieber einen Verbrechensteilnehmer gegen den andern als Zeugen, soweit sie nicht miteinander in demselben Verfahren verfolgt werden; oder man giebt äußerstenfalls bei einer felony die Verfolgung gegen einen Mitangeklagten auf und läßt ihn straflos, wenn durch sein Zeugnis die Verurteilung der übrigen Angeklagten erzielt wird (King's evidence); vom Angeklagten selbst aber erwartet man kein Wort. Er ist nicht gehindert zu sprechen, an die Zeugen Fragen zu stellen und schließlich zu plädieren. Man weiß aber nichts von unserem Strafkammerstandpunkt, wonach man auch beweislose Behauptungen des Angeklagten mit der Formel: „Es ist ihm nicht zu widerlegen, daß . . . .“ zu dessen Gunsten gelten läßt, vielmehr sind die von ihm vorgebrachten Tatsachen nur dann als Beweismittel zu würdigen, wenn er sie als Zeuge vorgebracht hat. Hierdurch soll er

*) Zuweilen kommt es sogar vor, daß der Richter eine Anklage überhaupt nicht verhandeln läßt, sondern vertagt, und zwar nicht nur, wenn er noch weitere Erhebungen anstellen lassen will, sondern auch wenn er dem Angeklagten wie dem Gerichtshof Verhandlung und Bestrafung ersparen kann. So hat im Jahre 1902 Sir Littler, Vorsitzender der Quarter Sessions in Westminster, ein deutsches Mädchen aus ehrbarer Familie, das von einem Deutschen verführt und schließlich zum Diebstahl verleitet worden war, nicht verhandeln, sondern mit Mitteln des Middlesex Victoria Fund entbinden und zu den Eltern nach Deutschland zurückkehren lassen.

in jeder Hinsicht dem regelmäßig als Zeugen auftretenden Verfolger gleichgestellt werden.

Die strengen Beweisregeln werden peinlich eingehalten. Sie sind es, die neben der Regel, daß die Verteidigung in der Regel nur nach einem Gesichtspunkt zu gehen hat, die größte Gefahr für den Angeklagten bilden. Augenscheinseinnahmen sind nicht mehr praktisch; die Polizei oder die Parteien beschaffen die erforderlichen Skizzen.

Während der Beweisaufnahme schreibt der Richter alle wesentlichen Aussagen nach; die Parteien vernehmen deshalb ihre Zeugen in der Weise, daß sie gleicherweise auf die Zeugen und auf den Richter schauen, um sich beständig zu vergewissern, ob der Richter folgen kann oder selber Fragen stellen will. Die vor dem Magistrate aufgenommenen Protolle (statement und depositions) braucht der Richter nicht gelesen zu haben und hat sie auch vielfach nicht gelesen. Es ist ihm natürlich unbenommen, sich zu orientieren, doch wird er auch den leisesten Anschein vermeiden, als ob er sich hiebei bereits eine bestimmte Ansicht gebildet hätte. Nur was in der Hauptverhandlung vorgetragen wird, ist für ihn vorhanden. Die Akten dienen zur Vorbereitung der Parteien und diese nehmen gelegentlich zur Feststellung von Geständnissen, zur Auffrischung der Erinnerung der Zeugen, sowie zur Korrektur oder Anfechtung von Zeugnissen auf die Akten Bezug, worauf der Richter die nötigen Konstatierungen trifft.

Der Gerichtsschreiber protokolliert in der Hauptverhandlung nicht. Ein Protokoll wird nur in den äußerst seltenen Fällen gefertigt, in denen der Angeklagte einen Mangel des Verfahrens behufs eines arrest of judgment oder eines writ of error (s. unten S. 21, 54) geltend macht. Das Protokoll ist noch mehr auf die Anführung der rein formellen Vorgänge beschränkt als unsere Zivilprozeßprotokolle; das indictment ist sein einziger Bestandteil von materieller Bedeutung. Deshalb ist auch der Nachweis der Unrichtigkeit des Protokolls so gut wie unmöglich und ähnlich steht es mit den Einwendungen und Rechtsmitteln, die auf Mängel zu stützen sind, welche aus dem Protokolle klar zu Tage treten sollen (apparent on the face of the record).

Nach der Beweisaufnahme folgen die Ansprachen der Parteien an die Geschworenen. Die Ansprachen müssen sich unmittelbar auf die unter Beweis verstellten Tatsachen beziehen, dürfen auf nicht unter Beweis verstellte Behauptungen keinen Bezug nehmen und auch daran keine Bemerkungen knüpfen, daß der Angeklagte oder dessen Ehefrau kein Zeugnis abgelegt hat. Wohltuend berührt auch hier die übliche Korrektheit und leidenschaftslose Sachlichkeit der Vorträge der Parteivertreter. Der Angeklagte selbst hat nicht notwendig das letzte Wort und darf, wenn er einen Verteidiger hat, überhaupt keine Ansprache an die Geschworenen richten. Die Regeln, namentlich auch bezüglich der Reihenfolge der Ansprachen, sind kompliziert.

Nunmehr faßt der Richter selbst in einer Ansprache an die Jury den Fall zusammen (summing up the case). Er erläutert die Anklage und das anzuwendende Gesetz, dann faßt er die vorgetragenen Beweise unter Anwendung auf die Anklage zusammen. Während der Angeklagte selbst in den meisten Fällen während der ganzen Verhandlung überhaupt kein Wort sagt und sein Verteidiger nur nach einem Gesichtspunkt plädiert, findet hier eine eingehende Darlegung des Falles nach allen Seiten statt. Hierauf giebt der Richter den Geschworenen ihre meist alternative, manchmal auch direkte Anweisung, wie sie zu erkennen haben. Er würdigt also das Beweismaterial, was dem deutschen Richter untersagt ist, namentlich auch die Glaubwürdigkeit der Zeugen, und das formalistische, gefährliche Frag- und Antwortspiel vor unseren Schwurgerichten ist hier in der Heimat des Schwurgerichtes unbekannt und unverständlich. Die Geschworenen sind nie im Zweifel über die bei uns sorgfältig zu verhüllende persönliche Auffassung des Richters, sind aber nur an dessen Rechtsanweisung und an die gesetzlichen Beweisregeln gebunden, wie sie ihnen der Richter vorträgt; wo ihnen der Richter gestattet, mehrere rechtliche Möglichkeiten in Betracht zu ziehen, da bejahen sie überraschend häufig die schwerere Alternative, auch wo die persönliche Auffassung des Richters nach der milderen Alternative geht, und die enormen Geldstrafen bei Beleidigungsprozessen gehen ebenfalls von den Geschworenen aus, nicht von den Richtern.*) Widersprechen Rechtsanweisung oder Beweisregeln ihrem Gefühl, so können sie ihrer abweichenden Billigkeitsüberzeugung nur in einem Zusatze zu ihrem Wahrspruch Ausdruck

*) Die Art der englischen Rechtsbelehrungen veranschaulicht in klassischer Weise eine Rechtsbelehrung des Judge Darling, die ich bei einem Tötungsfall im Central Criminal Court zu London gehört habe. Er schloß im wesentlichen folgendermaßen: „Wenn Sie finden, daß der Gefangene sein Kind mit Vorbedacht getötet hat, so ist er des Mordes schuldig; wenn Sie finden, daß er es durch sein Schreien gereizt getötet hat, so ist das Totschlag; finden Sie, daß er es nicht töten, sondern nur mißhandeln wollte, so hat er fahrlässig getötet; wenn Sie aber dabei finden, daß er mit solcher Rücksichtslosigkeit gehandelt hat, daß ihm der tötliche Erfolg gleichgiltig war, so haben Sie wieder auf vorsätzlichen Totschlag zu erkennen: erwägen Sie besonders diese Möglichkeit." (Das ist der dolus eventualis

geben. Ist der Richter von ihrem Wahrspruch nicht befriedigt, so kann er sie anweisen, ihren Spruch nochmals zu erwägen. Ist der Spruch so mangelhaft, daß kein Urteil ergehen kann, so wird eine neue Verhandlung des Falles angeordnet.

Die Geschworenen stecken zur Beratung, ohne sich zurückzuziehen, die Köpfe zusammen und der Obmann verkündet meist, ehe eine Minute verstrichen ist, den Wahrspruch, der nicht Ja! oder Nein! lautet, sondern das Verbrechen nennt, dessen der Angeklagte schuldig befunden worden ist: „Mord!" — „Totschlag!" usw. Die Geschworenen ziehen sich nur zurück, wenn sie binnen 5 Minuten nicht einstimmig sind, worauf sofort vor der nun in Tätigkeit tretenden Reservejury ein neuer Fall verhandelt wird. Kommen sie auch dann nicht binnen angemessener Zeit zur Einigung, so werden sie entlassen und der Fall von neuem verhandelt.

Nach dem Wahrspruch werden noch die Vorstrafen erörtert, die meist durch einen Polizeibeamten bezeugt werden, da es keine Vorstrafenregister giebt; die Jury hat nötigenfalls auch hierüber zu befinden. In Fällen von treason oder felony ist der Angeklagte zu befragen, ob er Gründe gegen den Erlaß des Urteils geltend machen wolle (motion in arrest of judgment) d. h. wesentliche Mängel, die im Protokolle offen zu Tage treten (some substantial defect, apparent on the face of the record) oder richtiger: zu Tage treten würden, s. oben S. 19, unten S. 54.

Im übrigen mag der Angeklagte nochmals sprechen und auch Beweis dafür antreten, daß er „von gutem Charakter" sei, d. h. einen guten Leumund in Bezug auf Nüchternheit, Ehrenhaftigkeit und Arbeitsamkeit habe; der Ankläger kann dann den „schlechten Charakter" des Angeklagten beweisen.

Hierauf ergeht der Spruch des Richters.*) Es ist meist das einzige Mal im Laufe des Prozesses, daß der Richter sich unmittelbar an den

---

der englischen Praxis ohne die etwas künstliche Einschränkung, die wir zu Gunsten des Angeklagten machen, indem wir außerdem die Billigung des schwereren Erfolges verlangen). Man denkt unwillkürlich an die Rechtsanweisung des römischen Prätors an seinen Geschworenenrichter.

*) Dem Wahrspruch der Jury folgt nicht immer der Richterspruch nach. Abgesehen von den seltenen Fällen einer motion in arrest of judgment, kann der Richter sein Urteil aussetzen, wenn er eine Rechtsfrage für den Court for Crown Cases Reserved vorbehalten oder sich mit seinen Kollegen besprechen oder bezüglich etwaiger Beweise noch Erkundigungen einziehen will, oder wenn ein sonstiger vernünftiger Grund die Aussetzung wünschenswert macht; der Angeklagte wird unter

Angeklagten wendet. „Gefangener, ich gebe Ihnen 10 Jahre Zuchthaus, es war ein sehr böser Fall!" — so und ähnlich lautet die Urteilsverkündigung. Entscheidungsgründe werden nicht gegeben, da die Beweiswürdigung bereits vorangegangen ist, sondern nur Bemerkungen über den Fall (remarks), die dann ihre Runde durch die Presse machen. Damit ist der Fall erledigt; der englische Richter schreibt kein Urteil mit langen Gründen wie der geplagte deutsche Richter. Der Gerichtsschreiber fertigt den Urteilstenor aus.

Der Richter kann praktischer Weise zugleich die Rückgabe gestohlenen oder erschwindelten Gutes anordnen, ohne wie bei uns den Angeklagten um seine gefällige Einwilligung befragen zu müssen. Bei felony und bestimmten misdemeanors kann Stellung unter Polizeiaufsicht ausgesprochen werden. Jugendliche können in Besserungsanstalten, Trunkenbolde bis zur Dauer von 3 Jahren in Asyle eingewiesen werden. Bei bestimmten felonies und bei misdemeanors kann dem Verurteilten außer der Strafe noch eine recognisance (s. oben S. 12) oder eine Sicherheitsleistung oder beides für Friedehalten (for keeping the peace) auferlegt werden. Bei misdemeanors kann diese Verpflichtung zum Friedehalten und zugleich zu gutem Betragen (for good behaviour) sogar an Stelle der Strafe treten; erfährt der Richter später durch die Polizei, daß der Verurteilte seiner Verpflichtung zuwiderhandelt, so läßt er ihn vorführen und bestraft ihn ohne Erneuerung der Hauptverhandlung entsprechend härter.*)

Umständen gegen eine recognisance auf freien Fuß gesetzt und die Verhandlung je nach dem Ausfall der Erhebungen überhaupt nicht wieder aufgenommen. Schließlich können sich die Parteien auch noch vor dem Urteil des Richters über Fallenlassen der Klage einigen.

*) Die erkannten Strafen sind nach unseren Begriffen enorm hoch. Während bei uns die Justiz trotz dem auch von der jüngsten Reichsstatistik wieder beleuchteten unheimlichen Anwachsen der Rohheits- und Rückfallsverbrechen immer noch milder wird, ist in England bei gleichbleibender Kriminalität eher ein Anziehen zu konstatieren. Bei erstmals Verurteilten ist man auch in England in geringfügigen Fällen sehr milde; unerbittlich sind aber Richter und Volksmeinung gegen Verbrecher, die eine rohe oder gemeine Gesinnung bekundet, einen erheblicheren Angriff gegen das Eigentum, eine Verfehlung gegen Treu und Glauben im Verkehr (Fälschung, Erpressung usw.) begangen haben oder rückfällig sind; die Strafen erscheinen bei dem Mangel staatlicher Fürsorge für den sozial Schwächeren doppelt hoch. So habe ich, um ein paar Beispiele aus Hunderten anzuführen, erlebt, daß ein rückfälliger Dieb für Entwendung einer alten Hose 10 Jahre Zuchthaus bekam und ein junger Deutscher für einen erfolglosen Erpressungsbrief an einen andern Deutschen dieselbe Strafe. Daß auch die Friedensrichter bei Übertretungen der

Der Schnelligkeit des Vorverfahrens entspricht die Promptheit mit der sich die Hauptverhandlung abwickelt. Nicht nur die Friedensrichter verhandeln ohne jede Hast dieselbe Zahl von Fällen in kürzerer Zeit als unsere Schöffengerichtsvorsitzenden; ebenso rasch verläuft die Hauptverhandlung vor den Assisen und Quarter Sessions. So verhandelte gelegentlich der Central Criminal Court in London mit 3 Richtern 84 Fälle, darunter mehrere Mord- und Totschlagsfälle und einen mehr als einen Tag in Anspruch nehmenden Betrugsfall in 5 Sitzungstagen je von morgens 1/2 11 bis abends 5 oder 6 Uhr mit einstündiger Pause. Die Quarter Sessions in Westminster verhandelten mit 2 Richtern jeweils etwa 50 Fälle, hauptsächlich Einbruchsdiebstähle, in 2 Tagen oder weniger. Die geschilderten Momente — der Wegfall der Vernehmung des Angeklagten, die Beschränkung des Anklägers wie des Verteidigers auf das unmittelbar Wesentliche, die kurze Darlegung des Falls durch den Ankläger und die sofort anschließende knappe Zeugenvernehmung läßt die Tat des Angeklagten scharf umrissen hervortreten. Nichts lenkt ab, alle Beteiligten vermeiden Reibungen — die übrigens vom Richter sofort nachdrücklich als contempt of court*) geahndet würden — und die Parteivertreter plädieren kurz und sachlich. Die Rechtsbelehrung faßt das Beweisergebnis nochmals nachdrücklich zusammen und die Geschworenen haben schon dann ihr Schuldig zu sprechen, wenn sie „keinen vernünftigen

---

Straßen- und Verkehrspolizei, die bei uns mit einigen Mark bestraft werden, unerbittlich sind, ist bereits erwähnt. Die Erfahrungen, die man mit dieser Anwendung der Abschreckungstheorie in England von jeher gemacht hat, bezeichnet man als vorzügliche; für unsere Anschauungen sind sie, abgesehen von den Strafen für Rohheitsdelikte und Übertretungen der Verkehrspolizei, zu hoch. Dem Engländer selbst erscheinen übrigens solche Strafen nur als Ausdruck gerechter Vergeltung.

*) Mißachtung des Gerichts ist nicht nur ein Verstoß gegen die Würde des Gerichtshofs, sondern überhaupt jeder Ungehorsam irgend eines Prozeßbeteiligten oder sonstigen Anwesenden gegen die Regeln des Verfahrens. Sie ist vermittelst indictment strafbar, wird aber heute regelmäßig vom Vorsitzenden des Gerichts auf summarischem Wege durch Verhängung einer Geld- oder Gefängnisstrafe geahndet; letztere kann vom Richter beliebig lang ausgedehnt werden, ohne daß er irgend jemand Rechenschaft schuldet. Diese Machtbefugnis wird gelegentlich energisch ausgeübt. So ließ ein Richter einen Anwalt ohne weiteres abführen, welcher ihn in seiner Rechtsbelehrung ehrerbietig zu unterbrechen gewagt hatte, um die Aufmerksamkeit seiner Lordschaft auf einen für den Klienten wichtigen Punkt zu lenken. Ein andermal wurde der Redakteur einer angesehenen Zeitung wegen einer nach unseren Begriffen sehr zahmen Kritik eines Richterspruchs zu hoher Geldstrafe verurteilt.

Zweifel" an der Schuld des Angeklagten haben, mögen auch noch andere Möglichkeiten zu Gunsten des Angeklagten vorhanden sein. Alles folgt sich Schlag auf Schlag. Dieser Gang der Hauptverhandlung und diese Betrachtungsweise des Falles, welche lediglich danach fragt, was nach dem natürlichen Lauf der Dinge das Wahrscheinlichere ist, erklärt es, weshalb Freisprechungen so selten sind, auch in Fällen, wo der deutsche Jurist, der an eine viel peinlichere Betrachtungsweise gewöhnt ist, ohne weiteres freisprechen würde.

Der Verurteilte wird sofort in Strafhaft abgeführt; Strafaufschub ist selten. Daß es praktisch keine Rechtsmittel mehr giebt, ist schon mehrfach hervorgehoben; siehe auch unter II. zu M. U. V. Da auch die englische Begnadigungsinstanz wie überhaupt die englische Bürokratie nicht mit der erforderlichen Zuverlässigkeit arbeitet, so sind gelegentliche Härten unvermeidlich. Bis zu einem gewissen Grade hilft hier nun eine merkwürdige Gerichtspraxis ab: Das Urteil wird erst mit dem Schluß der Sitzungsperiode als für den Richter unabänderlich angesehen; bis dahin kann er es abändern oder umstoßen (cancelling of judgment). Es ist mir noch ein Fall erinnerlich, wo die Assisen einen Soldaten wegen Sittlichkeitsverbrechens auf das Zeugnis der verletzten Frauensperson zu langjähriger Zuchthausstrafe verurteilt hatten; inzwischen hatte die Polizei Tatsachen berichtet, welche die Glaubwürdigkeit der Person erschütterten, und so kassierte der Richter am folgenden Tage sein Urteil, vertagte den Fall auf die nächsten Assisen und ließ den Soldaten gegen recognisance frei. Ein mir befreundeter Richter bei den Quarter Sessions vertagt immer seine sämtlichen abgeurteilten Fälle auf den Beginn der Sitzungsperiode des nächsten Monats; hat die Polizei oder Gefängnisverwaltung inzwischen Umstände berichtet, die einen Verurteilten als zu hart bestraft erscheinen lassen, so erläßt er ohne weiteres Verfahren in Gegenwart irgend eines anderen Friedensrichters ein milderes Urteil.

II.

Die Fragen an die Strafprozeßkommission, die Vorschläge der Kommission und der jeweilige englische Rechtsstandpunkt.

Dieser Abschnitt enthält nach den allgemeinen Darlegungen des Abschnitts I. nur zu C (Zeugen), F (Untersuchungshaft), G (Verteidigung), L (Hauptverhandlung und Beweis), S (Laienelement), U u. V (Rechtsmittel) längere Ausführungen.

A. Gerichtsstand.

Bedürfen die Vorschriften über den Gerichtsstand einer Abänderung? (StPO. §§ 7—21.) Ist namentlich der Gerichtsstand der Ergreifung als regelmäßiger Gerichtsstand einzuführen?

A. Die Kommission befürwortet den Gerichtsstand der Ergreifung. Pr. I 10 ff. II 199.

Der allgemeine Grundsatz des common law ist, daß der Gerichtsstand bei dem Gericht der Grafschaft begründet ist, innerhalb deren die strafbare Handlung begangen ist. Doch können einige wenige Straftaten in jeder beliebigen Grafschaft verfolgt werden. Daneben besteht der Gerichtsstand der Ergreifung wahlweise mit dem der begangenen Handlung hauptsächlich für Fälschung und Bigamie. Eine Reihe weiterer hierher gehöriger Bestimmungen sind teils für uns selbstverständlich, teils stellen sie vereinzelte Ausnahmen auf.

B. Ablehnung von Gerichtspersonen.

Welche Maßnahmen sind zu treffen, um einem Mißbrauch des Ablehnungsrechts vorzubeugen? (StPO. §§ 24—31.)

B. Die Kommission schlägt einige Bestimmungen gegen verspätete oder chikanöse Ablehnungen vor. Pr. I 15 ff. II 200 ff.

Ablehnung eines Richters giebt es in England nicht; es ist mit Recht dem Takte des Richters überlassen, ob er es für angezeigt hält, einen Fall an einen andern Richter abzugeben.

Nur für einen Friedensrichter besteht die ausdrückliche Bestimmung, daß er nicht verhandeln soll, wenn er ein Interesse an dem Falle hat; hat er trotzdem geamtet, so wird ein neuer Prozeß gewährt, da er seine Gerichtsbarkeit überschritten hat.

Ein ausgebildetes Ablehnungsrecht giebt es lediglich bezüglich der Geschworenen, doch ist es nahezu unpraktisch. Unter Angabe von Gründen kann abgelehnt werden entweder die ganze Geschworenenbank wegen Parteilichkeit des Sheriffs, der die Geschworenenliste aufzustellen hatte, oder ein einzelner Geschworener wegen seiner überlegenen sozialen Stellung (weil er Peer oder Lord ist), wegen mangelnder Befähigung, wegen Parteilichkeit, wegen Unwürdigkeit oder wegen Verdachts der Befangenheit; die Regeln sind im Einzelnen recht künstlich. Außerdem können ohne Angabe von Gründen bei treason bis zu 35, bei felony bis zu 20 Geschworene abgelehnt werden.

C. Zeugen und Sachverständige.

I. Soll das Recht der Zeugnisverweigerung erweitert werden? (StPO. §§ 51, 52, 54, 55.)

Insbesondere:

1. Besteht ein praktisches Bedürfnis, dem Beichtgeheimnis einen noch wirksameren Schutz zu sichern?
2. Ist das Verlangen gerechtfertigt, den Redakteuren und dem übrigen Personal der periodischen Presse die Befugnis zur Verweigerung des Zeugnisses über Verfasser und Einsender von Preßartikeln einzuräumen?

II. Erscheint es nach den praktischen Erfahrungen geboten, die Vorschriften über die Beeidigung der Zeugen und Sachverständigen im Sinne der gesetzgeberischen Versuche von 1895 (Drucks. des Reichstags 1895/96 Nr. 73) und von 1899 (Drucks. des Reichstags 1898/99 Nr. 203) einer Änderung zu unterwerfen? (StPO. §§ 56–66, 72, 79.) Wie ist bejahendenfalls das Verfahren auszugestalten?

1. Ist die Beeidigung der Zeugen einzuschränken
   a) bei unglaubwürdigen Aussagen?
   b) bei unerheblichen Aussagen?
   c) in geringfügigen Sachen?
   d) bei Zustimmung der Parteien und des Gerichts?
2. Sind für das Verfahren vor den Schwurgerichten Abweichungen von den Bestimmungen zu 1 erforderlich?
3. Ist der Voreid zu beseitigen?
4. Empfiehlt sich eine Umgestaltung der Eidesformel und des Verfahrens bei Abnahme von Eiden?
5. In welchem Abschnitt des Verfahrens ist die Beeidigung der Zeugen zu bewirken?

6. Soll im Zusammenhange mit der Einschränkung der Zeugeneide (zu 1) die Strafbarkeit uneidlicher falscher Aussagen eingeführt und wie soll sie im einzelnen gestaltet werden?
   a) Abgrenzung hinsichtlich der Behörden, vor denen die Aussage abgegeben wird?
   b) Bestrafung fahrlässiger falscher Aussagen?
   c) Strafmaß?
   d) Straflosigkeit bei Widerruf?

C Die Kommission schlägt vor:

Zu I: 1. Geistliche sollen über Tatsachen, welche durch das Beichtgeheimnis gedeckt sind, überhaupt nicht vernommen werden. Andererseits sollen sie das Zeugnis nicht verweigern dürfen, wenn sie von der Verpflichtung zur Verschwiegenheit entbunden sind.

2. Jeder Zeuge soll berechtigt sein, das Zeugnis ganz zu verweigern, wenn nach den Umständen des Falles Gefahr für ihn besteht, wegen der strafbaren Handlung, die den Gegenstand der Untersuchung bildet, selbst als Täter oder Teilnehmer strafgerichtlich verfolgt zu werden. Hierdurch ist auch der nach § 20 Abs 2 des Preßgesetzes als Täter haftende verantwortliche Redakteur geschützt.

3. Im Privatklageverfahren soll es auch bei den mit dem Privatkläger verwandten oder verschwägerten Zeugen vom richterlichen Ermessen abhängen, ob sie unbeeidigt zu vernehmen oder zu beeidigen sind.

Zu II: Die Beeidigung eines Zeugen soll, wenn die Parteien damit einverstanden sind, unterbleiben dürfen

1. falls das Gericht einstimmig die Aussage für unerheblich hält,
2. bei Übertretungen,
3. bei Privatklagesachen, falls kein Mitglied des Gerichts Beeidigung verlangt.

Die Beeidigung eines Sachverständigen soll unterbleiben, wenn die Parteien damit einverstanden sind.

Sachverständige sollen in der Regel vor, Zeugen in allen Fällen nach ihrer Vernehmung, spätestens am Schlusse der Beweisaufnahme beeidigt werden. Die gleichzeitige Beeidigung einer Mehrzahl von Zeugen soll zulässig sein. Die Eidesleistung soll in der Weise erfolgen, daß der Richter die Eidesformel vorspricht und der Zeuge oder Sachverständige darauf die Worte spricht: „Ich schwöre es, so wahr mir Gott helfe!"

Eine Bestrafung falscher uneidlicher Zeugenaussagen erscheint nicht angezeigt. Pr. I 27 ff. 57 ff. II 219 ff

Im englischen Strafprozeß wird jeder Zeuge und Sachverständige ohne Ausnahme mittels Voreids als Zeuge beeidigt und zwar in jedem

Abschnitt des Verfahrens: vor dem Friedensrichter, vor der Anklagejury und vor der Urteilsjury, so daß die Zeugen im Laufe eines ordentlichen Verfahrens regelmäßig dreimal schwören, da eine Berufung auf den bereits geleisteten Eid nicht zulässig ist. Unbeeidigte Zeugenvernehmung giebt es überhaupt nicht, daher auch keine uneidlichen falschen Aussagen, und ein Zeugnisverweigerungsrecht giebt es so gut wie nicht — weder bei verwandtschaftlichen Beziehungen, noch wenn der Zeuge sich selbst belasten muß, weder für den Geistlichen bezüglich des Beichtgeheimnisses, noch für den Arzt bezüglich des Berufsgeheimnisses, und vollends nicht für die Presse. Nur der Rechtsbeistand des Beschuldigten kann die Auskunft über das verweigern, was ihm in dieser seiner Eigenschaft vom Beschuldigten anvertraut worden ist.

Ferner ist bestimmt, daß der Ehegatte des Beschuldigten, soweit es sich nicht um treason, Sittlichkeitsverbrechen oder Schädigungen des Ehegatten und seiner Kinder handelt, nur für die Verteidigung als Zeuge auftreten kann, und daß er Dinge, die ihm während der Ehe vom Beschuldigten anvertraut worden sind, nicht zu offenbaren braucht. Endlich ist zum Schutze des Dienstgeheimnisses bestimmt, daß das Gericht befugt ist, solche Fragen an die Zeugen zurückzuweisen, die dem Interesse des öffentlichen Dienstes zuwiderlaufen, so wenn die Verbindungen aufgedeckt werden müßten, denen Regierung oder Polizei ihre Nachrichten verdanken.

Der Standpunkt des englischen Rechts ist von dem unsrigen verschieden. Es fragt lediglich danach, ob eine Person zeugnisfähig ist oder nicht. Ist sie zeugnisfähig, so ist ihre ausnahmslose, vorgängige Beeidigung selbstverständlich und notwendig; nur ein barrister konnte früher ohne vorgängige Beeidigung Zeugnis geben, doch ist das nicht mehr praktisch. Im allgemeinen sind heute nach einer Reihe gesetzgeberischer Akte außer den Mitangeklagten nur noch zum Tode Verurteilte, Idioten und Geisteskranke zeugnisunfähig. Und die Beeidigung kann weder bei unglaubwürdigen noch bei unerheblichen Aussagen, weder bei geringfügigen Sachen noch bei Zustimmung der Parteien und des Gerichtes unterbleiben. Schon Kinder unter 7 Jahren haben eidliches Zeugnis abzulegen, wenn das Verständnis für die Natur des Eides angenommen werden kann. Doch werden Kinder meist erst im Alter von 8 oder 9 Jahren beeidigt.

Am ungereimtesten erscheint es uns, daß seit dem Criminal Evidence Act von 1898 auch der Beschuldigte selbst in jedem Abschnitt des Verfahrens, übrigens nur auf eigenes ausdrückliches Verlangen und nur für die Verteidigung, als Zeuge auftreten kann. Die Gründe hierfür sind oben S. 18 angegeben.

Es bleibt indessen auffällig, daß die englische Rechtsentwicklung im Gegensatz zur deutschen auf möglichste Ausdehnung der Zeugnis- und damit der Eidesfähigkeit gegangen ist und daß man die politischen Parteien für gesetzgeberische Maßnahmen in dieser Richtung interessieren konnte, während der Stephen'sche Entwurf einer Strafrechtskodifikation von 1878, der eine Menge veralteter Bestimmungen beseitigt hätte, abgelehnt wurde.

Man kann sich einen Begriff von der Massenhaftigkeit der Eide in England machen, wenn man bedenkt, daß in der Zivilrechtspflege noch häufiger geschworen wird als in der Strafrechtspflege. Alle möglichen Schiedsgerichte und Kommissionen vernehmen eidlich. Die Stelle unserer öffentlichen Urkunden, der Auszüge aus öffentlichen Büchern und Registern und der Versicherungen an Eidesstatt vertritt ebenfalls der Eid. Die Eidesabnahme selbst ist eine wenig eindrucksvolle Förmlichkeit geworden. Der Profanierung des Eides sucht man auch nicht etwa durch strenge Bestrafung des Meineids entgegenzuwirken; der englische Meineidsbegriff ist sehr verklausuliert, er verlangt insbesondere den Nachweis der Täuschungsabsicht; daher giebt es eine Verfolgung des Meineids so gut wie nicht und es ist ausgeschlossen, daß sich der Angeklagte, wie das bei uns so häufig ist, an dem Zeugen, der unter Eideszwang zu seinen Ungunsten ausgesagt hat, außer durch Angriffe in der Verhandlung auch noch hinterdrein durch eine Meineidsanzeige zu rächen sucht. Fahrlässiger Falscheid ist unbekannt.

Unter diesen Umständen lehrt man, daß der Beweiswert eines Zeugnisses nach dem allgemeinen Eindruck der Glaubwürdigkeit zu bemessen sei. Tatsächlich aber wird wie gesagt (s. oben S. 17) ein eidliches Zeugnis, mag es auch einen bedenklichen Eindruck machen, insolang als unanfechtbar behandelt, als es nicht durch innere Widersprüche erschüttert oder durch andere Zeugnisse widerlegt ist.

Das Erscheinen der Zeugen wird in gleicher Weise wie bei uns durch Geldstrafen und Haft gesichert. Insbesondere sind die mehrerwähnten recognisances mit ihren hohen Geldstrafen, die im Fall des Nichterscheinens ohne Erbarmen beigetrieben werden, sehr zweckmäßig. Verweigerung der Aussage vor Gericht ist als Mißachtung des Gerichts (contempt of court) strafbar, s. oben S. 23 Anm.

D. Beschlagnahme.

Ist eine besondere Regelung der Frage geboten, ob bei der Untersuchung solcher strafbarer Handlungen, deren Verfolgung nur auf Antrag eintritt, die Beschlagnahme vor Stellung des Strafantrags stattfinden kann? — Wie ist das Verfahren zu regeln? (StPO. §§ 94 bis 101.)

D. Nach den Beschlüssen der Kommission soll die Beschlagnahme auch vor Stellung eines solchen Antrags zulässig sein, doch soll sie wieder aufgehoben werden, wenn der sofort zu benachrichtigende Antragsberechtigte nicht binnen einer Woche den Antrag stellt. Pr. I 74 ff. II 172 ff.

Wenn nicht die Polizei von sich aus die Strafverfolgung eingeleitet hat, muß private Verfolgung einsetzen, um durch eigene Tätigkeit oder durch Anrufung der Polizei oder des Friedensrichters die nötigen Schritte zu erwirken. Einen Strafantrag in unserem Sinne giebt es ja nicht, sondern das Verfahren beginnt rechtswirksam erst in dem Augenblick, in dem die Verfolgung von irgend welcher Seite einsetzt. Die Frage D wird also im englischen Prozesse überhaupt nicht praktisch.

E. Durchsuchung von Personen.

Bedarf es einer besonderen Regelung der Frage, ob behufs Verfolgung von Spuren einer Straftat die körperliche Untersuchung unverdächtiger Personen gegen deren Willen angeordnet werden kann?

Wie sind die Voraussetzungen für die Zulässigkeit einer solchen Anordnung zu bestimmen? (StPO. § 103.)

E. Die Kommission befürwortet die — nötigenfalls zwangsweise — körperliche Untersuchung verdächtiger und unverdächtiger Personen, wenn sie für das anhängige Strafverfahren zum Zwecke der Feststellung des Vorhandenseins oder Nichtvorhandenseins von Spuren oder Folgen einer strafbaren Handlung notwendig ist. Pr. I 79, 87. II 179, 182.

Es giebt in England keine Ermächtigung, eine unverdächtige Person gegen ihren Willen körperlich zu untersuchen. Nur der Beschuldigte ist dem unterworfen. Es bestehen jedoch keine besonderen Vorschriften; die Polizei tut, was sie für zweckmäßig hält und niemand beklagt sich.

F. Untersuchungshaft.

Sind die Voraussetzungen für die Erlassung und die Aufhebung des Haftbefehls zu ändern? (StPO. §§ 112—115, 117, 123—126.)

Erscheint namentlich geboten:

I. Eine Bestimmung dahin, daß die Tatsachen, welche den Fluchtverdacht begründen, aktenkundig zu machen seien?

II. Eine Aufhebung der Sondervorschrift, nach welcher bei Verbrechen der Verdacht der Flucht keiner weiteren Begründung bedarf?

III. Eine Verlängerung der Fristen, innerhalb deren, falls die Haft aufrecht erhalten werden soll, die Erhebung der öffentlichen Klage erfolgen muß?

F. Die Kommission beantragt, daß die den Fluchtverdacht begründenden Tatsachen in allen Fällen aktenkundig zu machen sind. Die Haftfrist soll 4 Wochen, bei Übertretungen (die des § 361 Ziff. 3—8 ausgenommen) 2 Wochen betragen; eine Verlängerung dieser Fristen soll ausgeschlossen sein. Außerdem werden noch einige Bestimmungen behufs möglichster Schonung der Verhafteten vorgeschlagen. Bei Antragsdelikten soll die Verhaftung vor Stellung des Antrags zulässig sein, aber wieder aufgehoben werden, wenn der Strafantrag nicht binnen einer Woche nachgebracht wird.

Entschädigung für unschuldig erlittene Untersuchungshaft soll auch bei Einstellung des Verfahrens vor Klageerhebung gewährt werden. Pr. I 89 ff. II 182 ff.

Die grundlegende Bedeutung der Verhaftung für den englischen Strafprozeß ist bereits oben S. 7 hervorgehoben. Zu betonen ist, daß sie nur den Zweck hat, den Beschuldigten vor Gericht zu stellen, ist das erreicht, so bedarf es zur Fortdauer der Haft keines schriftlichen Haftbefehls wie bei uns, sondern nur des richterlichen Ausspruchs in der Verhandlung. Was der Engländer Verhaftung heißt, heißen wir Festnahme. Zu unterscheiden ist die Verhaftung mit und ohne Haftbefehl (warrant). Der historischen Entwicklung entsprechend, bestehen eine Masse einzelner Bestimmungen, nicht ein kurzer allgemeiner Grundsatz wie bei uns.

Ohne Haftbefehl verhaften kann bei den wichtigsten, ordentlichen Straffällen (s. oben S. 3) jede Privatperson, die den Übeltäter auf frischer Tat betrifft. Eine Privatperson kann ferner, und zwar nötigenfalls mittels gewaltsamen Eindringens in Behausungen, verhaften, wenn eine felony tatsächlich begangen worden ist. Ein Polizeibeamter kann dagegen schon verhaften, wenn er nur vernünftigen

Verdacht hat, daß eine felony begangen worden ist; sodann kann er jeden festnehmen, der eines treason, einer felony oder eines Friedensbruchs irgend welcher Art genügend verdächtig ist; er besitzt sogar die außerordentliche Macht, Personen, von denen ein Friedensbruch zu befürchten ist, so lange festzuhalten, bis die Gefahr vorüber ist; bei Nacht herumlungernde Personen hat er zu arrestieren; den Wirten und den unter Polizeiaufsicht stehenden Personen gegenüber hat er weitgehende Befugnisse. Er muß auch verhaften, wenn ihm in einem der obigen Fälle eine glaubhafte Anzeige von Privatpersonen gemacht wird; darauf beruht es, daß die englische Polizei fast in gleicher Weise wie die unsrige in Anspruch genommen wird. Endlich geben eine Menge von Parlamentsakten, so der Metropolitan Police Act, der Vagrancy Act, der Licensing Act u. s. f., auch bei geringen Vergehen den Polizeibeamten und teilweise dem Publikum Ermächtigung zur Festnahme.

Bei felony oder gefährlicher Verwundung ist die Verfolgung unter Aufruf der Volksgenossen durch Polizei oder Privatpersonen — „Gerüfte", hue and cry — immer noch als besonderes Rechtsinstitut anerkannt. Die Polizei wird heute noch darüber instruiert.

Friedensrichter, Sheriff und Coroner haben Verhaftungsgewalt bei felony und bei in ihrer Gegenwart verübtem Friedensbruch.

Wird jemand nicht auf frischer Tat ergriffen oder nicht von der Polizei auf Grund einer bei ihr gemachten Anzeige festgenommen, so erläßt der Friedensrichter bei ordentlichen Straffällen auf beschworene Anzeige des Anklägers einen Haftbefehl, soweit er nicht wie regelmäßig in summarischen Fällen eine Vorladung für genügend erachtet, s. oben S. 8. Zum Erlaß des Haftbefehls genügt vernünftiger Verdacht. Außerdem hat der Friedensrichter auf bloße Bescheinigung des Gerichtsschreibers der Assisen oder Quarter Sessions darüber, daß ein indictment von der Anklagejury gefunden worden ist, Haftbefehl zu erlassen.

Daneben besteht noch das Recht der ordentlichen Strafgerichtshöfe selbst, der Richter der King's Bench Division, der Staatssekretäre, des Privy Council und des Sprechers im Unterhause zum Erlasse eines Haftbefehls.

Der Haftbefehl des Friedensrichters ist die Regel, der Haftbefehl des Gerichtshofs (Bench warrant) die Ausnahme. Mehr oder weniger unpraktisch sind die Bestimmungen, wonach beim Vorliegen eines indictment auch von dem erkennenden Gerichte selbst Vorladungen und nötigenfalls Vorführungsbefehle erlassen werden können (writ of venire facias ad respondendum, of distringas, of capias ad respondendum).

Kann der Beschuldigte nicht vor Gericht gestellt werden, so kann er in Acht (outlawry) erklärt werden, die mit Vermögenseinziehung verbunden ist und bei misdemeanor den Charakter einer Ungehorsamsstrafe, bei felony einschließlich treason den eines Schuldigspruches hat.

Haftbefehl und Vorladung führen in Kürze die Beschuldigung auf. Der Haftbefehl ist an einen bestimmten oder an alle Polizeibeamten einer Grafschaft gerichtet, die Vorladung an den Beschuldigten.*) Für das ganze Reich giltig, wie unsere Haftbefehle und Steckbriefe, sind nur die seltenen Haftbefehle der Richter der King's Bench Division. Sonst muß der Haftbefehl, wenn er in einer andern Grafschaft ausgeführt werden soll, zuvor von einem Friedensrichter dieser Grafschaft wie eine zivilrechtliche Anweisung indossiert werden.

Der Haftbefehl wegen einer indictable offence kann zu jeder Tages- und Nachtzeit, nötigenfalls mittels gewaltsamen Eindringens in Behausungen vollzogen werden. Man sieht, auch das stolze Wort my house is my castle unterliegt in der Praxis erheblichen Einschränkungen.

Beiläufig mag erwähnt werden, daß auch zur Arrestierung von Beweismitteln, zur Beibringung gestohlenen Eigentums, entführter Personen u. s. w., sowie zur Bewirkung von Einziehungen ein warrant erforderlich ist, der zur Durchsuchung und Beschlagnahme ermächtigt (search warrant).

Ist der Beschuldigte vor den Friedensrichter gestellt und wird der Fall nicht in einer Verhandlung spruchreif, so wird der Beschuldigte durch einfachen mündlichen, keiner Begründung bedürftigen Ausspruch

*) Der Haftbefehl lautet: „To the constable of X and to all other peace officers in the said county of X. Whereas Thomas Smith of X, labourer, hath this day been charged upon oath before the undersigned, one of His Majesty's justices of the peace, in and for the said county of X, for that he on the thirteenth day of November 1904 at X did, etc (kurze Bezeichnung der Tat): These are therefore to command you, in his Majesty's name, forthwith to apprehend the said Thomas Smith and to bring him before me, or some other of his Majesty's justices of the peace in and for the said county, to answer unto the said charge, and to be further dealt with according the law. Given under my hand and seal etc "

des Friedensrichters in Haft zurückverwiesen (remanded); er ist längstens alle Woche vorzuführen, um dann weiter verhandelt und zurückverwiesen zu werden. Das geschieht so lange, bis der Fall spruchreif ist. Können die weiteren Beweismittel in kürzerer als Wochenfrist beschafft werden, so wird, soweit angängig, auf kürzere Zeit verwiesen. Erfolgt schließlich das commitment for trial, so erhält der Gefangenenwärter vom Friedensrichter einen warrant of commitment, auf Grund dessen der Beschuldigte bis zur Hauptverhandlung in Haft bleibt; die einzige ausdrückliche zeitliche Begrenzung ist hierbei die, daß ein vor die Assisen Verwiesener, der nicht bei der ersten Tagung der Assisen nach der Verweisung verhandelt werden kann, im allgemeinen verlangen darf, gegen Bürgschaft oder auch ohne solche freigelassen zu werden; wird er auch bei den 2. Assisen nicht verhandelt, so muß er auf freien Fuß gesetzt werden. Länger als 8, oder in ländlichen Reisebezirken 12 Monate nach Abschluß des Verfahrens vor dem Friedensrichter braucht er also nicht zu sitzen! Doch kommen solche ungeheuerlichen Fälle bei der Prompheit der englischen Justiz nicht leicht vor.

Der rigorose Standpunkt des englischen Rechts, wornach die Verhaftung die normale Einleitung des Strafverfahrens ist, wird durch die Regeln über die Bürgschaft für das Erscheinen des Beschuldigten vor Gericht (bail) etwas gemildert. Bail ist Bürgschaftsleistung entweder seitens des Beschuldigten oder seitens dritter Personen und besteht in Stellung von Kautionen oder von Bürgen, meist aber in einer recognisance, d. h. der mehrerwähnten schriftlichen Verpflichtung zur Zahlung einer hohen Geldsumme im Fall des Nichterscheinens vor Gericht.

In den summarischen Fällen kann, wie ebenfalls erwähnt, bereits der Polizeibeamte gegen Bürgschaft freilassen; er muß es tun, wenn der Beschuldigte genügend hohe Sicherheit leisten kann. Er muß ferner eine Bürgschaft bestimmen, wenn der festgenommene Beschuldigte nicht binnen 24 Stunden vor den Friedensrichter gestellt werden kann; ob der Beschuldigte die nach unseren Begriffen meist sehr hohe Bürgschaft leisten kann, ist wieder eine Sache für sich; bei einer recognisance läßt man es nur dann bewenden, wenn die Persönlichkeit und die Verhältnisse des Beschuldigten bekannt sind, was in den englischen Städten viel weniger der Fall ist als auf dem Kontinent.

Bei felony und bestimmten misdemeanors kann der Friedensrichter Bürgschaft zulassen oder nach freiem Ermessen ablehnen, ohne daß eine Beschwerde möglich ist. Er soll keine übermäßige Sicherheit verlangen, ist aber nach dem Gesetze bei Freilassung gegen ungenügende Sicherheit strafbar, wenn der Beschuldigte vor Gericht nicht erscheint. — Bei treason kann nur die King's Bench Division Bürgschaft zulassen.

Im übrigen können die Richter der Assisen und Quarter Sessions den Beschuldigten gegen Bürgschaft auf freiem Fuß belassen, es ist das aber viel seltener als bei uns in Schwurgerichtsfällen. Entschädigung für unschuldig erlittene Untersuchungshaft giebt es nicht.

G. Verteidigung.

I. Empfiehlt es sich, die notwendige Verteidigung zu erweitern? (StPO. § 140.)

Soll sie etwa in den vor dem Landgericht in erster Instanz zu verhandelnden Sachen eintreten:

1. wenn der Angeschuldigte das 18. Lebensjahr noch nicht vollendet hat?
2. bei Verbrechen auch, wenn ein Antrag des Beschuldigten oder seines gesetzlichen Vertreters nicht vorliegt?

II. Inwieweit kann von den Maßnahmen zu I im Falle der Ausdehnung der Berufung (zu vergl. U. I) abgesehen werden?

III. Sollen die Befugnisse des Verteidigers erweitert werden:

1. hinsichtlich der Akteneinsicht? (StPO. § 147.)
2. hinsichtlich des Verkehrs mit dem verhafteten Beschuldigten? (StPO. § 148.)

G. Beschlüsse der Kommission zu I und II:

Die Verteidigung soll nicht nur in den vor dem großen Schöffengericht in 1. Instanz und dem großen Schöffenberufungsgerichte zu verhandelnden Sachen notwendig sein, sondern auch in den vor dem mittleren Schöffengericht in 1. Instanz und dem großen Schöffengericht in der Berufungsinstanz zu verhandelnden Sachen für diejenigen Angeschuldigten, die das 18. Lebensjahr noch nicht vollendet haben. In den Fällen, in denen ein Verteidiger von Amtswegen zu bestellen ist, soll die Bestellung, falls eine Voruntersuchung stattfindet, gleich nach deren Eröffnung, in den anderen Fällen nach Zustellung der Anklageschrift oder während einer etwaigen Voruntersuchung auf Antrag des Angeschuldigten erfolgen.

Im übrigen soll das Gericht bezw. der Vorsitzende dann einen Verteidiger bestellen, wenn der Beschuldigte aus Gründen, die in seiner Person oder in der Natur der Sache begründet sind, außer Stande ist, sich selbst zu verteidigen.

Zu III. Auch während der Voruntersuchung soll der Verteidiger im allgemeinen zur Einsicht der gesamten gerichtlichen Untersuchungsakten und aller anderen, dem Gerichte vorliegenden Akten, soweit sie mit der Untersuchung im Zusammenhange stehen, berechtigt sein.

Während des Ermittlungsverfahrens soll ihm die Einsicht der Protokolle über die Vernehmung des Beschuldigten, der Gutachten der Sachverständigen und der Protokolle über diejenigen gerichtlichen Handlungen, denen er beigewohnt hat oder hätte beiwohnen dürfen — siehe J — nicht verweigert werden. — Endlich soll in jeder Lage des Verfahrens dem verhafteten Beschuldigten unbeschränkter, mündlicher und schriftlicher Verkehr mit dem Verteidiger zustehen Pr. I 122 ff. II 159 ff

Der Beschuldigte kann sich in jeder Lage des Verfahrens des Beistands eines Verteidigers bedienen. Im allgemeinen tritt aber die Verteidigung erst nach Abschluß der Ermittlungen der Verfolgung, im ordentlichen Verfahren also nach dem committal for trial und dem indictment, vielfach auch erst in der Hauptverhandlung ein. Im summarischen Verfahren ist die Verteidigung naturgemäß viel seltener als bei uns, da ja meist binnen 24 Stunden nach der Ergreifung des Beschuldigten das Urteil gesprochen ist. Auch sind die Anwaltsgebühren nach unseren Begriffen außerordentlich hoch. Zwar kann der Beschuldigte in bestimmten Fällen die Bestellung eines Verteidigers im Armenrecht erbitten (poor prisoner's defence), wenn er schwört, daß er nicht 5 Pfd. Sterl. auf der Welt wert ist; dieses Recht ist aber durch Einschränkungen illusorisch gemacht und wird tatsächlich nie in Anspruch genommen.

Eine notwendige Verteidigung giebt es überhaupt nicht. Auch der Richter hat nicht die Aufgabe, dem Beschuldigten beizustehen. Wohl sagt das englische Rechtssprichwort „judge is counsel for prisoner", das heißt aber nicht, daß er den Beschuldigten auf seine Verteidigungsmittel aufmerksam machen soll, er spricht ja mit ihm überhaupt nicht; es heißt vielmehr, daß er über die Gesetzmäßigkeit des Verfahrens wacht, unter Umständen mag er auch den Beschuldigten anweisen, auf Nichtschuldig zu plädieren und vor allem ersucht er in Fällen, wo er eine Verteidigung für wünschenswert hält, einen Anwalt, s. S. 16.

Der Verteidiger hat dieselben Rechte wie der Beschuldigte. Er kann jeder Zeugenvernehmung beiwohnen und sich vor der Hauptverhandlung gegen Bezahlung der Schreibgebühren Abschriften der Zeugenaussagen geben lassen. Während der Hauptverhandlung oder kurz vorher kann er die Akten kostenlos einsehen. Er kann mit dem

Beschuldigten frei verkehren; dieses Recht darf aber auch vom Beschuldigten nicht zur Förderung verbrecherischer oder betrügerischer Zwecke z. B. zur Kollusion mißbraucht werden. Bezüglich solcher ungehöriger Mitteilungen hat der Verteidiger kein Zeugensverweigerungsrecht. Übrigens erscheint schon angesichts der nach wie vor heilig gehaltenen vornehmen Traditionen der englischen Rechtsanwaltschaft ein Mißbrauch des Verkehrs mit dem Beschuldigten so gut wie ausgeschlossen.

H. Öffentliche Klage.

I. Soll das Legalitätsprinzip beseitigt oder soll es wenigstens eingeschränkt werden, um Strafverfolgungen entgegenzuwirken, die durch das öffentliche Interesse nicht geboten sind?

II. Empfiehlt es sich im Falle einer Bejahung der Frage zu I die subsidiäre Privatklage zu gewähren, und zwar:

1. allgemein?
2. dem Verletzten:
   a) bei Antragsdelikten?
   b) bei sonstigen Straftaten?

III. Welche Maßnahmen sind gegebenenfalls zum Schutze gegen einen Mißbrauch der Privatklage zu treffen? (StPO. §§ 152, 169 bis 175.) — Zu vergleichen auch N.

H. Beschlüsse der Kommission: Das Legalitätsprinzip soll dadurch eingeschränkt werden, daß die Staatsanwaltschaft mangels öffentlichen Interesses bei Übertretungen und im Falle des Einverständnisses des Verletzten auch bei den von Personen unter 14 Jahren begangenen Verbrechen und Vergehen von der Strafverfolgung absehen darf.

Die Zurücknahme der öffentlichen Klage soll ausnahmsweise zulässig sein, nämlich bei Strafbefehl, Strafverfügung und Strafbescheid auch noch nach Beginn der Hauptverhandlung mit Zustimmung des Angeklagten, ferner nach Abschluß von Voruntersuchungen gegen Unbekannt und bei nicht spruchreifen Fällen des abgekürzten Verfahrens (siehe K), wo der Staatsanwaltschaft die weitere Verfügung zusteht.

Im übrigen war die Kommission der Ansicht, daß die weitere Einschränkung des Legalitätsprinzips durch Ausdehnung der prinzipalen Privatklage (siehe N), nicht durch Einführung der subsidiären Privatklage erfolgen solle. Pr. I 174 ff. II 39 ff., 51 ff.

Die Grundsätze über die Einleitung des Verfahrens sind Seite 7 ff. dargestellt und es ist daraus ersichtlich, daß die Tätigkeit der Polizei und die Privatklage oder richtiger Popularklage das fehlende Legalitätsprinzip nicht hinreichend ersetzt.

J. Vorverfahren.

I. Bedarf das Vorverfahren, insbesondere im Interesse des Beschuldigten, einer Umgestaltung? (StPO. §§ 156—211.)

1. Ist etwa für das Vorverfahren:
   a) eine beschränkte Öffentlichkeit und Mündlichkeit einzuführen, namentlich den Beteiligten die Berechtigung zur Anwesenheit bei gerichtlichen Handlungen in erweitertem Umfange zu gewähren?
   b) eine kontradiktorische Schlußverhandlung vorzuschreiben?
2. Sollen die Vorschriften über den das Hauptverfahren eröffnenden Beschluß geändert werden? — Insbesondere:
   a) Ist eine genauere Prüfung der Frage der hinreichenden Belastung des Angeschuldigten nach der tatsächlichen und nach der rechtlichen Seite hin durch eine Änderung des Verfahrens zu sichern? (StPO. § 201.)
   b) Ist eine genauere Bezeichnung (Individualisierung) der dem Angeklagten zur Last gelegten Tat zu verlangen? (StPO. § 205.)
   c) Ist der Eröffnungsbeschluß einer Anfechtung durch den Angeklagten zu unterwerfen? (StPO. § 209.)
   d) Soll, wenn sich in der Hauptverhandlung der tatsächliche Inhalt des Beschlusses als mangelhaft oder unvollständig ergiebt, auf Antrag des Angeklagten die Aussetzung zu erfolgen haben? (StPO. §§ 263, 265.)

II. Inwieweit würde von solchen Maßnahmen im Falle der Ausdehnung der Berufung (zu vergl. U. I) abgesehen werden können?

J. Die Kommission läßt das Vorverfahren — Ermittlungsverfahren und Voruntersuchung — im wesentlichen unverändert und lehnt eine kontradiktorische Gestaltung ab. Die Voruntersuchung wird auch gegen unbekannte Täter zugelassen. Der Angeschuldigte, der nach Mitteilung der Anklageschrift die Eröffnung der Voruntersuchung beantragt, braucht keine Gründe geltend zu machen.

Die Vornahme der Ermittlungen, insbesondere die Vernehmung der Beschuldigten, Zeugen und Sachverständigen durch die Staatsanwaltschaft selbst soll die Regel bilden. Der Staatsanwalt hat daher das Recht der Ladung und zwangsweisen Vorführung gegenüber Beschuldigten und Zeugen. Er hat andererseits den sachdienlichen Anträgen des Beschuldigten auf Vornahme einzelner Beweiserhebungen oder Ermittlungen zu entsprechen.

In der Voruntersuchung sind Staatsanwalt und Verteidiger bei der Vernehmung des Angeschuldigten nach freiem Ermessen des Richters, bei der Vernehmung von Zeugen und Sachverständigen jedoch überall zuzulassen, wo der Untersuchungszweck oder die öffentliche Ordnung nicht gefährdet ist. Die Parteien sollen das Recht der Fragestellung haben.

Nach Schluß der Ermittlungen oder der Voruntersuchung soll der Staatsanwalt oder Untersuchungsrichter dem Beschuldigten die Gesamtheit der gegen ihn gesammelten Beweise vorhalten, damit dieser vollständig unterrichtet werde und eine etwaige Ergänzung der Voruntersuchung herbeiführen könne.

Führen die Ermittlungen nicht zur Erhebung der Klage, so stellt der Staatsanwalt ein und setzt hiervon den vom Gericht, von ihm selbst oder von anderen Behörden vernommenen Beschuldigten in Kenntnis. Nach stattgehabter Voruntersuchung ist Außerverfolgungsetzung des Angeschuldigten beim Untersuchungsrichter zu beantragen.

Erhebt der Staatsanwalt Klage, so reicht er unmittelbar beim erkennenden Gericht die Anklageschrift ein, welche Zeit, Ort und Umstände der Tat, sowie in den nicht vor die kleinen Schöffengerichte gehörigen Sachen außer den wesentlichen Ergebnissen der Ermittlungen anzugeben hat, in welchen Tatsachen die einzelnen gesetzlichen Merkmale der strafbaren Handlungen gefunden werden.

Der Eröffnungsbeschluß wird beseitigt. Der Vorsitzende des Gerichts beraumt unter der Voraussetzung, daß das Gericht zuständig, die Strafverfolgung zulässig, der Angeklagte dringend verdächtig und die Anklageschrift gesetzmäßig ist, Termin zur Hauptverhandlung an und zwar in den vor die kleinen Schöffengerichte oder vor den Amtsrichter gehörigen Sachen sofort, in den andern Strafsachen dann, wenn der Angeklagte auf die nach wie vor notwendige Mitteilung der Anklageschrift hin keine Einwendungen erhoben hat. Hat er dagegen Anträge gestellt, die nicht bloß die Hauptverhandlung betreffen oder die Eröffnung einer Voruntersuchung bezwecken, oder hat er Einwendungen vorgebracht, so entscheidet das Gericht in nichtöffentlicher Sitzung nach Anhörung der Prozeßbeteiligten darüber, ob Hauptverhandlung stattzufinden habe. Über das Maß des gegen den Angeklagten vorliegenden Verdachts soll sich das Gericht nicht aussprechen. Pr. I 163ff., 172ff., 250ff. II 73ff., 81ff., 135ff.

Schon oben ist zur Genüge hervorgehoben, daß die englische Praxis in den zur Zuständigkeit des Friedensrichters gehörigen (summarischen) Straffällen überhaupt kein Vorverfahren, sondern nur eine Hauptverhandlung kennt, und daß sich in den ordentlichen Straffällen das Vorverfahren als eine parteiöffentliche, mündliche, kontradiktorische Verhandlung darstellt.

Die Fragen I Ziff. 2 beantwortet das englische Recht durchweg mit Nein. Insbesondere hört die Anklagejury nur die Zeugen für die Verfolgung und trotz dem Fehlen der Rechtsmittel ist weder die Verweisung des Friedensrichters noch die true bill der Anklagejury einer Anfechtung unterworfen.

K. Abgekürztes Verfahren.

I. Inwieweit erscheint es unbedenklich, über den Rahmen des bestehenden Gesetzes hinaus nach dem Vorgange des Entwurfs von 1895 ein abgekürztes Verfahren einzuführen:

1. in kleineren Sachen (zu vergl. S. II)?
2. im Falle des Geständnisses des Beschuldigten?
3. bei Ergreifung auf frischer Tat?

II. Wie ist dieses Verfahren näher auszugestalten? (StPO. § 211.)

K. Beschlüsse der Kommission: Ein abgekürztes Verfahren soll vor dem Amtsrichter ohne Zuziehung von Schöffen stattfinden:

1. bei allen Übertretungen ohne weitere Voraussetzungen,
2. bei Vergehen dann, wenn der Beschuldigte
   a) auf frischer Tat betroffen und vorläufig festgenommen worden ist,
   b) sich zum Zweck der Aburteilung freiwillig gestellt hat,
   c) die ihm zur Last gelegte Tat eingesteht,
   d) die Einleitung des abgekürzten Verfahrens beantragt,
   e) einem nach § 10 StPO. zuständigen Gericht vorgeführt wird.

Die Staatsanwaltschaft hat den Beschuldigten ohne Einreichung einer Anklageschrift mit dem Antrag auf sofortige Aburteilung dem zuständigen Amtsrichter vorzuführen. Dieser soll sofort oder spätestens am 2. Tage nach der Vorführung zur Hauptverhandlung schreiten und dabei auch über die Verhaftung oder Freilassung des Angeklagten entscheiden. Die Ladung der Zeugen soll auch durch Beamte der Staatsanwaltschaft und des Polizei- und Sicherheitsdienstes erfolgen können. Der wesentliche Inhalt der Anklage soll dem Angeklagten in der Hauptverhandlung vor seiner Vernehmung zur Sache mitgeteilt und in das Sitzungsprotokoll aufgenommen werden. Erweist sich die Sache in der Hauptverhandlung als nicht spruchreif, so soll der Amtsrichter die Verhandlung vertagen können, jedoch nicht über eine Woche hinaus. Ist die Sache auch dann noch nicht spruchreif, so soll sie der Staatsanwaltschaft zur weiteren Verfügung überlassen werden. — Auf die Aberkennung der bürgerlichen Ehrenrechte soll nicht erkannt werden dürfen. Pr. I 204 ff. II 243 ff.

Das englische abgekürzte Verfahren (summary convictions) ist ein Verfahren ohne formelle Anklage und ohne Jury in den zur Zuständigkeit des Friedensrichters gehörenden Straffällen. Es ist somit ein Verfahren im Sinne des § 211 StPO. Siehe oben S. 11 fg.

Ein summarisches Verfahren in dem uns geläufigen Sinne von Strafbefehl, Strafverfügung und Strafbescheid ohne öffentliche mündliche Verhandlung erscheint dem Engländer unmöglich.

L. Hauptverhandlung.

Bedürfen die Vorschriften über die Hauptverhandlung einer Änderung? (StPO. §§ 225 bis 275, 318 bis 327.) — Insbesondere:

I. Empfiehlt sich eine Ausdehnung des Kontumazialverfahrens?

1. Bestehen Bedenken dagegen, daß, in Anlehnung an die Vorschläge des Entwurfs von 1895, in erweitertem Umfange die Hauptverhandlung zugelassen wird:
   a) gegen ausbleibende Angeklagte?
   b) gegen Personen, deren Aufenthalt unbekannt ist oder die sich im Ausland aufhalten?
2. Unter welchen Voraussetzungen soll dies geschehen? (StPO. §§ 229 bis 234, 318 bis 327.)

II. Sollen die Vorschriften über das Kreuzverhör geändert werden?

1. Kann auf diese Einrichtung überhaupt verzichtet werden?
2. oder sind die Voraussetzungen, unter denen das Kreuzverhör stattzufinden hat, zu erweitern? (StPO. §§ 238, 240.)

III. Sind infolge der bisherigen Vorschriften Unzuträglichkeiten in Bezug auf eine übermäßige Ausdehnung der Verhandlungen, ihre Erstreckung auf unerhebliche Umstände und die Ermöglichung von Verdächtigungen und kränkenden Angriffen gegenüber Zeugen und Sachverständigen hervorgetreten? — Wie ist diesen Unzuträglichkeiten zu begegnen:

1. wenn die Berufung ausgedehnt wird (zu vergl. U. I)?
2. wenn die Berufung nicht ausgedehnt wird? (StPO. §§ 239, 240, 244.)

IV. Empfiehlt es sich, vorzuschreiben, daß die Urteilsgründe die nähere Darlegung zu enthalten haben, weshalb diejenigen Tatsachen, in welchen die gesetzlichen Merkmale der strafbaren Handlung gefunden werden, für erwiesen erachtet worden sind? (StPO. § 266.)

V. Ist gegen den die Förmlichkeiten der Hauptverhandlung betreffenden Inhalt des Protokolls der Nachweis der Unrichtigkeit zuzulassen? (StPO. § 274.)

L. Die Kommission läßt die Vorschriften über die Hauptverhandlung im wesentlichen bestehen. Im einzelnen soll eine unterbrochene Hauptverhandlung binnen einer Woche fortgesetzt werden können. — Das Kontumazialverfahren soll auch dann zulässig sein, wenn voraussichtlich keine andere Strafe als Freiheitsstrafe bis zu 6 Wochen, Geldstrafe, Einziehung oder Unbrauchbarmachung, oder wenn Freisprechung oder Einstellung des Verfahrens zu erwarten ist. Die Möglichkeit, den Angeklagten vom Erscheinen in der Hauptverhandlung zu entbinden, wird erweitert.

Der Vorsitzende soll befugt sein, in einzelnen Sachen die Vernehmung des Angeklagten und die Beweisaufnahme ganz oder teilweise einem beisitzenden Richter zu übertragen. Das Kreuzverhör wird beseitigt.

An die Stelle der Verlesung des Eröffnungsbeschlusses soll eine Erklärung des Vorsitzenden treten, in der die dem Angeklagten zur Last gelegte Tat unter Hervorhebung ihrer gesetzlichen Merkmale und des anzuwendenden Strafgesetzes bezeichnet wird. Die Feststellung von Vorbestrafungen des Angeklagten soll nur auf Antrag erfolgen oder soweit sie für die Entscheidung von Bedeutung ist. Namentlich soll aber der Vorsitzende nicht sachdienliche Fragen an Zeugen oder Sachverständige zurückweisen, deren Beantwortung diesen selbst oder einem ihrer Angehörigen oder anderen Zeugen oder Sachverständigen zur Unehre gereichen könnte. Das Gericht — den Amtsrichter und die kleinen Schöffengerichte ausgenommen — soll einerseits Ergänzung der Voruntersuchung oder die Eröffnung einer solchen oder die Vornahme einzelner Beweiserhebungen durch den Untersuchungsrichter beschließen können; andererseits sollen nicht nur Amtsrichter und kleines, sondern auch mittleres und großes Schöffengericht von der Erhebung einzelner Beweise in der Hauptverhandlung dann absehen dürfen, wenn sie die zu beweisenden Tatsachen zu Gunsten des Angeklagten für erwiesen oder einstimmig für unerheblich erachten; das wird auch einem Mißbrauch des Rechts des Angeklagten, seine vor der Hauptverhandlung abgelehnten Beweisanträge in der Hauptverhandlung zu wiederholen und Zeugen und Sachverständigen selbst zu laden, entgegenwirken. Zeugenaussagen, deren Verlesung unzulässig ist, dürfen auch nicht auf andere Weise festgestellt werden. Zum Zweck der Beweisaufnahme über ein Geständnis können auch die in einem staatsanwaltlichen Protokoll enthaltenen Erklärungen des Angeklagten verlesen werden.

Die Protokolle brauchen die wesentlichen Ergebnisse der Vernehmungen nicht mehr aufzunehmen. Die Parteien können ihre Anträge schriftlich als Anlagen zum Protokoll überreichen. Jeder Beteiligte darf protokollarische Feststellung verlangen, wenn er die vorgeschriebenen Förmlichkeiten mangelhaft oder ungenügend beobachtet glaubt. Auch sind die Beteiligten während zweier Tage nach Fertigung des Protokolls zur Durchsicht desselben und zur Stellung von Anträgen auf Berichtigung oder Ergänzung befugt.

Die Urteilsgründe müssen im Falle der Verurteilung des Angeklagten die für erwiesen erachteten Tatsachen, in denen die gesetzlichen Merkmale der strafbaren Handlung gefunden worden sind, so angeben, daß ersichtlich ist, auf welche Tatsachen sich die Feststellung jedes einzelnen Merkmals, insbesondere auch des Vorsatzes oder der Absicht stützt. Sie müssen ferner angeben, weshalb diese Tatsachen für erwiesen erachtet worden sind. Pr. I 222 ff. II 111 ff.

Nach dem Gesetze muß der Angeklagte nur bei felony in der Hauptverhandlung gegenwärtig sein; tatsächlich findet aber überhaupt kein Abwesenheitsverfahren mehr statt.

Der Gang der Hauptverhandlung ist bereits oben S. 15 ff. dargestellt. Hier ist noch auf Einzelheiten einzugehen:

Vor Eintritt in die Verhandlung kann der Angeklagte außer der Rüge, daß die Klagtatsachen den Verbrechenstatbestand nicht erfüllen (demurrer), die folgenden noch praktischen Einwendungen geltend machen: 1. daß das Gericht nicht zuständig sei — plea to the jurisdiction, 2. daß er wegen derselben Tat schon früher verurteilt, begnadigt oder freigesprochen worden sei — plea of autrefois convict, of pardon, of autrefois acquit. Er darf aber im Zweifel nur nach einer Richtung plädieren.

Während bei unserer Beweisaufnahme jeder erhebliche Beweis zugelassen werden muß, ist das nach der Law of evidence nicht der Fall. Die Abschaffung dieser starren Beweisregeln wäre wohl die notwendigste Reform des englischen Strafprozesses. Diese Beweisregeln sind zwar sehr vernünftige Erfahrungssätze, ihre strenge Durchführung auch gegen den Angeklagten kann aber sehr ungerecht wirken, wie das wieder neuerdings der Fall Beck gezeigt hat. — Der oberste Grundsatz ist: Es muß immer der beste Beweis gegeben werden. Der unmittelbare Beweis geht dem mittelbaren vor; das bedeutete aber im Falle Beck zugleich, daß der Alibibeweis des vorbestraften Beck, er sei zur Zeit der Tat in Südamerika gewesen, nicht zugelassen wurde, da Zeugen vorhanden waren, die ihn bestimmt als Täter in London gesehen haben wollten.

Der Ankläger hat zwar im allgemeinen die Beweislast, es bestehen aber eine Menge Vermutungen gegen den Angeklagten; Tötung ist Mord, Besitz gestohlener Gegenstände Hehlerei, bis der Angeklagte das Gegenteil beweist; auch sonst ist es vielfach Sache des Angeklagten, Beweis anzutreten oder Erklärungen abzugeben, wenn er die naturgemäßen oder aus den Beweisregeln sich ergebenden Schlüsse aus den gegen ihn vorliegenden Tatsachen entkräften will.

Tatsachen, welche nicht den fraglichen Verbrechenstatbestand unmittelbar beweisen oder widerlegen, dürfen nicht zum Beweise herangezogen werden, namentlich auch keine anderen Straftaten und Verurteilungen des Angeklagten, selbst wo das, wie im Falle Beck, zu Gunsten des Angeklagten dringend erwünscht wäre. Ausnahmen bestehen nur für treason, ferner für den Beweis der Absicht oder des

Bewußtseins der Rechtswidrigkeit hauptsächlich beim Besitz gestohlener Sachen. Hörensagen ist nur ausnahmsweise als Beweismittel zulässig, doch wird das im Kreuzverhöre nicht streng eingehalten. Ein Geständnis des Angeklagten gegenüber einem Polizeibeamten oder vor einem Friedensrichter darf nur dann als Beweismittel verwertet werden, wenn es nicht das Ergebnis von Fragen, sondern zweifellos freiwillig gewesen ist, s. oben S. 11. Schließlich ist noch darauf hinzuweisen, daß es für den Angeklagten gefährlich ist, seine Einwendungen erst in der Hauptverhandlung, nicht schon vor dem Friedensrichter vorzubringen. Die neuere Praxis einiger Lordrichter geht dahin, bei der Rechtsbelehrung die Tatsache, daß der Angeklagte seine Einwendungen nicht schon früher vorgebracht hat, zu dessen Ungunsten zu kommentieren. Ein weiteres Eingehen auf die englischen Beweisregeln würde über die Zwecke dieser Abhandlung hinausgehen.

Die Frage II kann die englische Praxis verneinen, die Frage III ebenso; die Frage IV ist ihr unverständlich und die Frage V unpraktisch.

M. Wiederaufnahme des Verfahrens.

I. Ist für das die Wiederaufnahme betreffende Verfahren die eidliche Vernehmung der Zeugen und Sachverständigen vorzuschreiben? (StPO. § 409.)

II. Empfiehlt es sich:

1. zu bestimmen, daß nicht nur hinsichtlich der verstorbenen, sondern auch hinsichtlich der in Geisteskrankheit verfallenen Verurteilten das Gericht ohne Erneuerung der Hauptverhandlung auf Freisprechung zu erkennen oder den Antrag auf Wiederaufnahme abzulehnen hat?
2. für alle anderen Fälle die Freisprechung ohne Erneuerung der Hauptverhandlung auszuschließen? (StPO. § 411.)

M. Die Kommission hat die Frage I verneint, so daß die Beeidigung auch fernerhin dem richterlichen Ermessen überlassen bleibt.

Die Aufnahme der erforderlichen Beweise soll nicht nur durch einen beauftragten, sondern auch durch einen ersuchten Richter oder das Gericht selbst erfolgen können.

In Beantwortung der Frage II Ziff. 1 sollen die dauernd Verhandlungsunfähigen den Geisteskranken gleichgestellt werden. In den anderen Fällen (II Ziff. 2) soll der Verurteilte das Recht haben zu verlangen, daß eine Hauptverhandlung stattfinde.

Über die Einschränkung der Wiederaufnahme infolge der Einführung der Berufung s. unten zu U. Pr. I 274 ff. II 259 ff.

Das englische Recht kennt keine Wiederaufnahme des Verfahrens. Ist jemand unschuldig verurteilt worden und stellt sich später die Unschuld heraus, so giebt es nicht etwa Freisprechung, sondern nur Begnadigung.

Auch hinsichtlich der in Geisteskrankheit Verfallenen besteht keine Besonderheit. Dagegen kann Strafaufschub gewährt werden, sowohl von der Krone als von dem zur Strafvollstreckung berufenen Gericht. Strafaufschub muß wie bei uns einer zum Tod verurteilten Schwangeren und einem in Geisteskrankheit verfallenen Gefangenen gewährt werden.

N. Privatklage.

I. Soll für den Fall, daß im allgemeinen an dem Legalitätsprinzip festgehalten wird (zu vergl. H. J.), die prinzipale Privatklage nach dem Vorgange des Entwurfs von 1895 auf einzelne Straftaten, welche für die öffentliche Ordnung von geringer Bedeutung sind — unter entsprechender Einschränkung des Legalitätsprinzips — ausgedehnt oder

II. die subsidiäre Privatklage für solche Fälle zugelassen werden? (StPO. §§ 152, 414—434.)

N. Die Kommission dehnt die Privatklage auf die Vergehen gegen §§ 123, 223a, 241, 303, die Übertretungen gegen § 370 Ziff. 5 und 6, sowie die seither von Amtswegen zu verfolgenden Fälle der §§ 223, 230 StGB. aus. Hat die Staatsanwaltschaft die Erhebung der öffentlichen Klage abgelehnt, so kann die Privatklage nur innerhalb einer Frist von 3 Monaten erhoben werden. Pr. I 288 ff. II 43 ff.

Privatklagen in unserem Sinne kennt das englische Recht nicht. Jede Straftat kann grundsätzlich von jedermann verfolgt werden, siehe Seite 8. Das Verfahren ist immer das gleiche, mag private oder öffentliche Verfolgung eintreten.

O. Strafbefehl.

I. Empfiehlt es sich, die Voraussetzungen, unter denen ein amtsrichterlicher Strafbefehl erlassen werden kann, zu erweitern?

II. In welcher Weise würde das zu geschehen haben? (StPO. §§ 447—452.)

O. Die Kommission dehnt die Befugnis zum Erlaß eines amtsrichterlichen Strafbefehls auf die Vergehen gegen §§ 113, 185, 123 Abs. 3, 223, 230, 241, 285, 286, 303 StGB. und die Begünstigung dieser Vergehen aus. Pr. I 314 ff. II 251 ff.

Siehe oben K.

P. Strafverfügungen und Strafbescheide.

Sind Vorschriften darüber erforderlich, bis zu welchem Zeitpunkte die Polizeibehörde ihre Strafverfügung und die Verwaltungsbehörde ihren Strafbescheid zurücknehmen darf? (StPO. §§ 454, 460.)

P. Die Kommission schlägt vor, daß nach Übersendung der Akten an die Staatsanwaltschaft diese mit Zustimmung der Polizei- bezw. Verwaltungsbehörde und nach Beginn der Hauptverhandlung auch des Angeklagten zur Zurücknahme befugt sein soll. Pr. I 344 ff. II 256.

Siehe oben K.

Q. Strafvollstreckung.

Bedürfen die Vorschriften der StPO. über die Strafvollstreckung einer Änderung? (StPO. §§ 481—495.)

Insbesondere:

I. Sollen die bezeichneten Vorschriften durch Bestimmungen über den Vollzug der einzelnen Strafarten ergänzt werden? Oder

II. empfiehlt es sich, mit Rücksicht auf die Revision des StGB. von einer gesetzlichen Regelung des Strafvollzugs zur Zeit abzusehen?

III. Welche Bestimmungen werden für den Fall, daß die Frage zu I von der Kommission bejaht wird, zur Aufnahme in die StPO. in Vorschlag gebracht?

Q. Die Kommission sieht mit Rücksicht auf die Revision des Strafgesetzbuchs von der gesetzlichen Regelung des Strafvollzugs für jetzt ab. Einen Ersatz der bedingten Begnadigung durch die bedingte Verurteilung empfiehlt sie nicht. Pr. I 349 ff.

Die Strafvollstreckung schließt sich dem Urteil regelmäßig unmittelbar an, da es ja praktisch keine Rechtsmittel giebt. Sie ist Sache des Gerichts. Ein einheitliches Strafvollzugsgesetz besteht nicht.

R. Öffentlichkeit.

I. Weisen Erfahrungen darauf hin, die Öffentlichkeit auszuschließen oder einzuschränken:

1. im Verfahren vor dem Amtsrichter ohne Zuziehung von Schöffen (zu vergl. K I 1, S II)?
2. im Verfahren wegen Beleidigungen?
3. im Verfahren gegen jugendliche Personen, insbesondere gegen schulpflichtige Kinder?

II. Welche Vorschriften wären zu diesem Zwecke geboten? (GVG. §§ 170, 173—176.)

R. Die Kommission befürwortet Ausschluß der Öffentlichkeit im Verfahren gegen Jugendliche und bei öffentlich verfolgten Beleidigungen, wenn ein Beteiligter dies beantragt und die andern nicht widersprechen, — bei Beleidigungen, die privatklagend verfolgt werden, auf bloßen Antrag eines Beteiligten. Pr. I 368 ff., 373 ff. II 239 ff.

Einen Ausschluß der Öffentlichkeit in unserem Sinne giebt es nicht. Die Verhandlung vor dem erkennenden Gericht ist stets öffentlich; die Öffentlichkeit ist für den Schuldigen Strafe, für den Unschuldigen Genugtuung. Der das Vorverfahren leitende Friedensrichter kann zwar dritte Personen außer den Parteien nach Gutdünken ausschließen, doch geschieht das fast nie. Den etwaigen Gefahren der Öffentlichkeit der Hauptverhandlung in einem bestimmten Bezirke könnte durch Heraufnahme des Prozesses an die King's Bench begegnet werden. Im übrigen kann das Gericht dem öffentlichen Interesse zuwiderlaufende Fragen abschneiden. Siehe oben S. 28.

S. Zuziehung von Laien zur Rechtsprechung.

I. Empfiehlt es sich, die Ständigkeit der Schöffengerichte in der Art herzustellen, daß für einen längeren Zeitraum dieselben Schöffen an allen Sitzungen teilnehmen, und welche Einrichtungen wären zu diesem Zwecke zu treffen? (GVG. §§ 43, 45.)

II. Soll der Amtsrichter in erweitertem Umfang ohne Zuziehung von Schöffen entscheiden (GVG. § 30, StPO. § 211, Abs. 2), etwa:

1. bei Übertretungen ohne Einschränkung?
2. im Falle des Geständnisses des Angeklagten auch bei Vergehen?
3. oder empfiehlt es sich, in allen jetzt vor die Schöffengerichte gehörenden Sachen den Amtsrichter zunächst allein entscheiden und nur die Berufung gegen seine Entscheidung an ein beim Amtsgericht oder beim Landgericht zu bildendes Schöffengericht gelangen zu lassen?

III. Empfiehlt es sich, an Stelle der Strafkammern Schöffengerichte einzuführen, und zwar:

1. für sämtliche jetzt vor die Strafkammern gehörenden Sachen oder
2. für einen Teil dieser Sachen?
3. Sollen die Schöffen in der Art mitwirken, daß sie

a) das Richteramt während der Hauptverhandlung in vollem Umfang ausüben, oder
b) nur an der Entscheidung über die Tat- und Schuldfrage teilnehmen?

4. Wie sind diese Schöffengerichte zusammenzusetzen:
a) als Gerichte erster Instanz?
b) als Berufungsgerichte? (GVG. §§ 30—57, 77.)

IV. Ist es nach den praktischen Erfahrungen, welche mit den Schwurgerichten gemacht worden sind, angezeigt, an dieser Einrichtung festzuhalten, oder wäre es für die Rechtspflege etwa ein Gewinn, an Stelle der Schwurgerichte Schöffengerichte einzuführen, und zwar:

1. für sämtliche jetzt vor die Schwurgerichte gehörenden Sachen, oder
2. für einen Teil dieser Sachen?
3. Wie sind gegebenenfalls diese Schöffengerichte zusammenzusetzen? (GVG. §§ 30—57, 79—99.)

V. Bedürfen für den Fall der Beibehaltung der Schwurgerichte die Vorschriften über deren Zusammensetzung und über die Bildung der Geschworenenbank einer Änderung? — Soll namentlich

1. Die Zahl der Geschworenen herabgesetzt,
2. das Ablehnungsrecht der Parteien eingeschränkt werden? (GVG. §§ 81—99, StPO. §§ 277—289.)

S Die Kommission entschied sich einstimmig für die Ersetzung der Strafkammern und Schwurgerichte durch Schöffengerichte. Danach sind sämtliche Gerichte erster und zweiter Instanz (siehe U) Schöffengerichte mit der aus Zweckmäßigkeitsgründen gemachten Ausnahme, daß der Amtsrichter für Übertretungen und im abgekürzten Verfahren (siehe K) als Einzelrichter zuständig sein soll.

Gerichte erster Instanz sind:

a) der Amtsrichter allein bei Übertretungen und im abgekürzten Verfahren;
b) die kleinen Schöffengerichte (1 Amtsrichter, 2 Schöffen) bei den in § 27 Nr. 2 und 8 GVG. bezeichneten Vergehen einschließlich der in § 320 StGB. und § 74 GVG. angeführten, bei Diebstahl, Unterschlagung, Betrug und Sachbeschädigung bis zum Betrag von 150 Mk, bei allen im Weg der Privatklage zu verfolgenden Vergehen (siehe N), und zwar bei den auf Antrag zu verfolgenden Körperverletzungen sowie bei dem Hausfriedensbruch des § 123 Abs. 3 StGB. auch im Falle öffentlicher Verfolgung, endlich bei den Vergehen der Bedrohung im Sinne des § 241 und des strafbaren Eigennutzes im Sinne der §§ 286 Abs. 2, 290, 291, 298 StGB. und bei den ihnen überwiesenen Vergehen und Verbrechen (siehe T).

Diese von der Kommission vorgeschlagene Erweiterung der Zuständigkeit unserer bisherigen (kleinen) Schöffengerichte ist durch das Reichsgesetz vom 5. Juni 1905, betr. Änderungen des Gerichtsverfassungsgesetzes, bereits geltendes Recht geworden;

c) die mittleren Schöffengerichte (3 Landrichter, 4 Schöffen) bei allen übrigen Vergehen, für die mit Zuchthaus von höchstens 5 Jahren bedrohten Verbrechen, sowie für die Verbrechen der §§ 176 Nr. 3, 260, 261, 243fg., 264 StGB., soweit sie nicht überweisungsfähig sind;

d) die großen Schöffengerichte (3 Landrichter, 6 Schöffen) für die übrigen Verbrechen, soweit sie nicht zur Zuständigkeit des Reichsgerichts gehören;

e) das Reichsgericht wie seither.

Die Zuständigkeit für die Aburteilung von Verbrechen soll bei Jugendlichen nicht anders bestimmt werden als bei Erwachsenen.

Die Schöffen üben das Richteramt während der Hauptverhandlung in vollem Umfang aus und stimmen vor den richterlichen Mitgliedern ab. Sie sollen jährlich zu 10 Sitzungen herangezogen werden können. Pr. I 376—441. II 1ff.

Der Grundsatz des ordentlichen englischen Verfahrens ist, daß jemand sowohl der Hauptverhandlung als der Strafvollstreckung nur durch den Wahrspruch seiner Volksgenossen unterworfen werden darf; es wird sonach für die Anklage wie für die Verurteilung an der Entscheidung durch die Geschworenen festgehalten. Dem Richter ist das eine angenehme Entlastung, namentlich im Falle eines Schuldspruchs der Geschworenen trotz entgegengesetzter persönlicher Auffassung des Richters.

Das unlogische Recht des deutschen Schwurgerichtshofs, die Sache in einem solchen Falle an die nächsten Assisen zu verweisen, besteht in England nicht. Es ist nicht ausgeschlossen, daß im Laufe der Entwicklung das aus verschiedenen Gesichtspunkten angefochtene indictment der Anklagejury durch das commitment des Friedensrichters nach Abschluß des Vorverfahrens ersetzt wird, es ist aber nicht zu erwarten, daß die englische Rechtspflege jemals von der Urteilsjury abkommt. Zwar sind auch die englischen Juristen mit den Geschworenen, obgleich sie im Vergleich zu den unsrigen geradezu ideal arbeiten, häufig unzufrieden, hauptsächlich die Verteidiger, weil die Geschworenen wie gesagt nicht selten schuldig sprechen, wo der Jurist es nicht tun würde. Auch haben mir englische Juristen vielfach die Schöffengerichte als die höhere und zweckmäßigere Beteiligung des Laienelements anerkannt. Das Schwurgericht ist aber eine seit Jahrhunderten im englischen Volksleben eingewurzelte nationale Einrichtung, deren

Ersatz undenkbar ist — in Strafsachen wenigstens, wo sie in Unterordung unter den rechtsgelehrten Richter ausgezeichnet arbeitet, während ihre Übertragung auf den Zivilprozeß unter Festhaltung des Erfordernisses der Einstimmigkeit ungeheuerlich wirkt, soweit es sich nicht um die ebenfalls auf dem Zivilrechtswege zu entscheidenden Beleidigungsprozesse handelt.

Sehr beachtenswert ist übrigens die auf immer weitere Ausdehnung der Zuständigkeit der Friedensrichter gerichtete Entwicklung, die bezweckt, in immer größerem Umfang einen Einzelrichter ohne formelle Anklage und ohne Zuziehung des Geschworenenapparates zur Entscheidung zu berufen.

Außerdem geht die Entwicklung mehr und mehr dahin, die Richterbank mit Juristen zu besetzen. Die Friedensrichter in den Städten sind regelmäßig, die Vorsitzenden der Borough Sessions (Recorder) notwendig Juristen und auch zu Vorsitzenden der Quarter Sessions (Chairman) werden in immer steigendem Maße Juristen bestellt, s. oben S. 5.

T. Abgrenzung der sachlichen Zuständigkeit der Gerichte.

I. Im Falle der Beibehaltung der bisherigen Gerichte:

1. Lassen sich Bedenken erheben gegen die Regelung der Zuständigkeit nach Maßgabe des Gesetzentwurfs von 1895?
2. Inwieweit erscheint bejahenden Falles eine Änderung der damals in Aussicht genommenen Vorschriften angezeigt:
   a) Hinsichtlich der kraft Gesetzes zur Zuständigkeit der Schöffengerichte gehörigen Straftaten?
   b) Hinsichtlich der Straftaten, welche den Schöffengerichten überwiesen werden können?
   c) Hinsichtlich der zur Zuständigkeit der Strafkammern gehörenden Verbrechen?
3. Ist die ausschließliche Zuständigkeit der Strafkammern auf weitere Vergehen auszudehnen, und auf welche?
4. Empfiehlt es sich, die Bestimmung darüber, ob im einzelnen Falle die Aburteilung dem Schöffengericht überwiesen werden soll, ausschließlich der Staatsanwaltschaft zu übertragen?

II. In welcher Weise ist bei Umgestaltung der bisherigen Gerichte die sachliche Zuständigkeit zu bestimmen? (GVG. § 27—29, 73—75, 80, EG. z. GVG. § 6.)

T. Die Beschlüsse der Kommission sind schon zu S im wesentlichen angeführt.

Dem kleinen Schöffengericht sollen — sofern keine höhere Strafe als 6 Monate Gefängnis oder 1500 Mk. Geldstrafe in Aussicht zu nehmen ist — überwiesen werden können die Vergehen gegen §§ 113, 114, 117 Abs. 1, 120 (Widerstand gegen die Staatsgewalt); 137 (wider die öffentliche Ordnung); 180, 184 (wider die Sittlichkeit); der Beleidigung in den Fällen der nur auf Antrag eintretenden Verfolgung durch öffentliche Klage; 223, 232, 230 Abs. 2, 223a (Körperverletzung); 240 (Nötigung); 242, 246, 257, 258 Nr. 1, 259, 263, 286 Abs. 1, 288, 289, 298, 303, 304 (Diebstahl, Unterschlagung, Begünstigung, Hehlerei, Betrug, strafbarer Eigennutz und Sachbeschädigung bei Beträgen von mehr als 150 Mk.); 309, 316 318, 318a, 327 Abs. 1, 328 Abs. 1; (gemeingefährliche Vergehen); 333 (Bestechung); sowie das Vergehen der Abgabenhinterziehuug und die Verbrechen des einfachen Diebstahls und des Betrugs im Rückfalle, endlich alle Vergehen, welche mit höchstens 6 Monaten Gefängnis oder 1500 Mk. Geldstrafe bedroht sind. Auf Zuchthaus darf das kleine Schöffengericht nicht erkennen. Auch diese Vorschläge der Kommission sind durch das Reichsgesetz vom 5. Juni 1905 zu sofortiger Geltung erhoben worden.

Die Überweisung erfolgt dadurch, daß die Staatsanwaltschaft die Anklageschrift ohne weiteres bei dem Amtsgericht einreicht und der Amtsrichter Termin anberaumt. Wenn sich ein anscheinend zur ursprünglichen Zuständigkeit des kleinen Schöffengerichts gehöriger Fall erst in der Hauptverhandlung als ein Überweisungsfall herausstellt, so soll die Zuständigkeit des kleinen Schöffengerichts bestehen bleiben. Pr. I 376 bis 441 II 1 ff.

Die Abgrenzung der sachlichen Zuständigkeit ist schon oben bei der Gerichtsorganisation S. 4 ff. erörtert. Dort ist auch hervorgehoben, daß die Entwicklung auf immer weitere Ausdehnung der friedensrichterlichen Zuständigkeit geht.

U. Berufung.

I. Empfiehlt es sich, von der Ausdehnung der Berufung auf die in erster Instanz ergehenden Urteile der Strafkammern oder der etwa neu zu schaffenden Schöffengerichte (zu vergl. S. III, IV) abzusehen, insbesondere im Hinblick auf die Schwierigkeiten, welche mit einer Durchführung der Mündlichkeit in der Berufungsinstanz verknüpft sind, und mit Rücksicht darauf, daß die bisherigen gesetzgeberischen Maßnahmen zu einem befriedigenden Ergebnisse nicht geführt haben? — Oder sprechen überwiegende Gründe dafür, an einer Ausdehnung der Berufung im Sinne des Gesetzentwurfs von 1895 festzuhalten?

II. Inwieweit erscheinen gegebenen Falles Abweichungen von der im Entwurfe von 1895 in Aussicht genommenen Regelung des Berufungsverfahrens angezeigt? — Wie ist namentlich

1. die Berufungsinstanz zu bilden?
   a) bei den Landgerichten?
   b) bei den Oberlandesgerichten? — Abgezweigte Senate?
   c) Besetzung der Gerichte? — Mitwirkung von Laien?
2) das Verfahren in der Berufungsinstanz auszugestalten?
   a) Rechtfertigung der Berufung durch Aufstellung bestimmter Beschwerdepunkte?
   b) Umfang und Art der Beweisaufnahme? Verlesung der Zeugenaussagen erster Instanz?
   c) Folgen des Ausbleibens des Angeklagten? (StPO. §§ 244, 354 bis 373.)

III. Können für den Fall der Einführung der Berufung Garantien des Verfahrens, welche gegenwärtig in 1. Instanz zum Ersatze für die mangelnde Berufung bestehen wegfallen? — Erscheint es angängig:

1. die Zahl der Mitglieder der Strafkammern für die Hauptverhandlung herabzusetzen? (GVG. § 77.)
2. den Richter, welcher bei der Entscheidung über die Eröffnung des Hauptverfahrens als Berichterstatter mitgewirkt hat, zur Teilnahme an dem Hauptverfahren zuzulassen? (StPO. § 23 Abs. 3.)
3. die Mitteilung der Angeklageschrift an den Angeschuldigten vor der Entscheidung über die Eröffnung des Hauptverfahrens zu beseitigen? (StPO. § 199.)
4. die Wiederaufnahme des Verfahrens auf Grund neuer Tatsachen oder Beweismittel einzuschränken? (StPO. § 399 Nr. 5.).

U. Beschlüsse der Kommission: Die Berufung ist gegen alle Endurteile erster Instanz zuzulassen. Es sollen entscheiden über die Berufung gegen Urteile

a) des Amtsrichters in Übertretungssachen: die kleinen Schöffenberufungsgerichte (1 Landrichter, 2 Schöffen);
b) des Amtsrichters in anderen Sachen und der kleinen Schöffengerichte: die mittleren Schöffengerichte (3 Landrichter, 4 Schöffen);
c) der mittleren Schöffengerichte: die großen Schöffengerichte (3 Landrichter, 6 Schöffen);
d) der großen Schöffengerichte: die großen Schöffenberufungsgerichte (3 Landrichter, 8 Schöffen).

Die Schöffengerichte mit Ausnahme der kleinen werden sämtlich bei den Landgerichten gebildet; an dem Hauptverfahren vor diesen Schöffengerichten sollen höchstens 2 von den bei der Entscheidung über die Eröffnung des Hauptverfahrens mitwirkenden Richtern, unter ihnen aber der Berichterstatter, teilnehmen dürfen.

Die Vorschrift des § 199 StPO. soll nicht beseitigt, vielmehr die Anklageschrift auch dem Verteidiger des Angeschuldigten zur Erklärung binnen 3 Tagen oder einer Woche mitgeteilt werden. Dagegen soll die Wiederaufnahme des Verfahrens auf Grund neuer Tatsachen oder Beweismittel nur dann stattfinden, wenn dieselben die Unschuld des Verurteilten, sei es überhaupt, sei es bezüglich eines die Anwendung eines härteren Strafgesetzes begründeten Umstands, ergeben oder doch dartun, daß ein begründeter Verdacht nicht mehr vorliegt; § 399 Nr. 5 Satz 2 StPO. soll auf alle Strafsachen Anwendung finden.

Bezüglich des Verfahrens wird die Rechtfertigung der Berufung durch Anführung bestimmter Beschwerdepunkte nicht verlangt, dagegen zur Verhütung frivoler Berufungen die Anschlußberufung auch nach Ablauf der Berufungsfrist zugelassen. Für die Beweisaufnahme 2. Instanz soll der Grundsatz der Mündlichkeit in gleicher Weise wie in 1. Instanz durchgeführt werden; der Vortrag des Berichterstatters soll wegfallen. Der Angeklagte kann unter Umständen vom Erscheinen entbunden werden. Pr. I 441 ff. II 4 ff. 142 ff.

Siehe unten V.

V. Revision.

I. Empfiehlt es sich für den Fall, daß von der Ausdehnung der Berufung (zu vergl. U. I) abgesehen wird, die Vorschriften betreffend die Zuständigkeit für die Verhandlung und Entscheidung über die Revision gegen die in 1. Instanz ergehenden Urteile der Strafkammern in der Weise zu ändern, daß diejenigen Sachen, in denen es sich wesentlich um Verletzung von Landesrecht handelt, den Oberlandesgerichten auch dann überwiesen werden, wenn die Revision nicht ausschließlich auf eine solche Verletzung gestützt ist? (GVG. § 123 Nr. 3, § 136 Nr. 2, StPO. § 388.)

II. Bedarf es einer Änderung der Vorschrift, nach welcher die Revision gegen die in der Berufungsinstanz erlassenen Urteile der Landgerichte regelmäßig auf die Verletzung einer Rechtsnorm über das Verfahren nicht gestützt werden kann? (StPO. § 380.)

V. Für die Kommission war Frage I gegenstandslos; zu Frage II wird bestimmt, daß die Revision ohne Beschränkung auch auf Verletzung einer Verfahrensnorm soll gestützt werden dürfen, so daß § 380 StPO. in Wegfall kommt.

Dem Reichsgericht ist eine etwas erweiterte Möglichkeit der Zurückverweisung zugestanden worden.

Die Oberlandesgerichte sollen künftig zuständig sein

a) für Revisionen gegen Urteile der kleinen Schöffenberufungsgerichte und der mittleren Schöffengerichte in der Berufungsinstanz;

b) für Revisionen gegen Urteile der großen Schöffengerichte in der Berufungsinstanz und der großen Schöffenberufungsgerichte bei ausschließlicher Verletzung landesrechtlicher Normen;

c) für Beschwerden, soweit nicht die Zuständigkeit der richterlichen Mitglieder eines Schöffengerichts begründet ist. Pr. I 500 ff. II 150 ff.

1. Die englische Praxis kennt für das ordentliche Verfahren (mit Geschworenen) keine Berufung mehr, ebensowenig sonstige Rechtsmittel. Die Theorie lehrt aber immer noch 2 Anfechtungsmöglichkeiten eines Urteils unter den Titeln New trial und Reversal of judgment by writ of error.

a) Eine neue Hauptverhandlung soll in den vor der King's Bench Division verhandelten misdemeanors angeordnet werden können, wenn dies den Zwecken der Rechtspflege förderlich erscheint. Es handelt sich dabei um Verstöße mehr prozessualer Art, wie grobe Ungebühr der Jury, falsche Anweisung des Richters an die Jury, übrigens auch Wahrspruch in völligem Widerspruch mit den Beweisen. Andere Gerichtshöfe als die King's Bench sollen nur bei rein formellen Verstößen eine neue Verhandlung bewilligen dürfen.

b) Der writ of error ist eine vom Beschwerdeführer erbetene Anweisung der King's Bench Division (eventuell des Court of appeal und in letzter Instanz des Oberhauses) an einen unteren ordentlichen Gerichtshof, das Protokoll (the record and proceedings of the indictment) an das Obergericht heraufzugeben wegen eines wesentlichen, materiellen Mangels der im Protokolle offen zu Tage tritt (some substantial defect, apparent on the face of the record, s. oben S. 19, 21). Das sind nicht bloße Unregelmäßigkeiten des Verfahrens oder Mangelhaftigkeit des Beweises, sondern z. B. Unvollständigkeit des Tatbestands der Anklage oder Ungesetzlichkeit des Urteils, weil etwa bei Betrug nicht aufgeführt ist, worin die falschen Vorspiegelungen bestanden haben, oder bei Verleumdung die fraglichen Worte keine verleumderischen sind oder bei Meineid das den Eid abnehmende Gericht hierzu nicht zuständig gewesen ist. Das Rechtsmittel, das an sich schon viel beschränkter ist als unsere Revision, ist noch weiter dadurch beschränkt, daß es die Zustimmung der Krone durch den Attorney General erfordert, die in dessen freiem Ermessen steht. Dem writ of error des Appellhofes und des Oberhauses sind noch engere Schranken gezogen.

c) Der Court for Crown cases reserved ist zur einheitlichen Weiterbildung des Rechts bestimmt, nicht zur Entscheidung von Einzelfällen. Die Richter bei den Assisen und Quarter Sessions können eine Rechtsfrage, die sich im Laufe eines Prozesses erhoben hat und die sie sich nicht selber zu entscheiden getrauen, als Kronfall für diesen Gerichtshof vorbehalten und inzwischen die Urteilsfällung oder die Vollstreckung aufschieben. Der Gerichtshof besteht ähnlich wie bei den Plenarentscheidungen des Reichsgerichts grundsätzlich aus allen, mindestens aber aus 5 Richtern des High Court, unter denen sich der Lord Chief Justice befinden muß. Die Entscheidung ist unanfechtbar.

Angesichts der Jahrhunderte langen englischen Rechtsentwicklung und der reichen Menge von Präjudizien sind auch die Kronfälle äußerst selten.

2. Auch die Berufung (appeal) gegen Urteile der Friedensrichter, die in einzelnen Gesetzen vorgesehen ist und an die Quarter Sessions, eventuell auch an die King's Bench gehen soll, ist heute als unpraktisch zu bezeichnen.

3. Dem entspricht nicht etwa eine größere Inanspruchnahme der Begnadigungsinstanz, s. oben S. 24, vollends nicht in einem Umfang wie trotz allen Rechtsmitteln in Deutschland. Gnadengesuche gehen an den Home Secretary und werden dem König vorgelegt, wenn der Staatssekretär den betreffenden Fall für geeignet hält. Fälle, in denen hauptsächlich private Interessen verletzt sind, scheiden von vornherein aus: non potest rex gratiam facere cum injuria et damno aliorum. Ein Gnadengesuch hat nur dann Aussicht auf Erfolg, wenn der erkennende Richter selbst sich dafür verwendet. Die Begnadigung ist meist bedingt.

III.

Zur Reform.

Überblicken wir unsere Zusammenstellung I und II, so giebt der englische Prozeß auf unsere meisten Reformfragen überhaupt keine Antwort. Er ist im Grunde nur Hauptverhandlung mit Zwangsgestellung des Beschuldigten und besitzt diesem Charakter entsprechend ausgebildete Regeln fast nur über Verhaftung, Hauptverhandlung und Beweisverfahren; gerade diese Regeln wurzeln aber in nationalem englischem Boden oder in englischen Eigentümlichkeiten und sind daher unübertragbar. Zu alle dem sind sie von der deutschen Rechtsentwicklung weit überholt. Danach ist das Ergebnis dieser Untersuchung zunächst lediglich negativ.

Auch sonst läßt unsere Zusammenstellung die Vorzüge und die hohe Entwicklung des deutschen Strafprozesses augenfällig hervortreten. Die Nötigung zur Privatverfolgung, wie sie in England besteht, bedeutet gar zu oft Rechtsverweigerung. Die Einleitung des Verfahrens durch Verhaftung widerspricht unseren Anschauungen von bürgerlicher Freiheit und das starre Beweisrecht gefährdet nicht selten den Angeklagten. Dabei dient der englische Prozeß einem mittelalterlichen Strafrecht. Demgegenüber haben wir in Deutschland in Verbindung mit einem modernen und humanen Strafrecht, welches besser ist als sein Ruf, ein in die feinsten Einzelheiten durchgebildetes Prozeßrecht, Übernahme jeder noch so geringfügigen Straftat durch den staatlichen Verfolger, möglichste Rücksichtnahme auf die persönliche Freiheit und peinlichstes Eingehen auf jede Behauptung und jeden irgendwie erheblichen Beweisantritt des Beschuldigten.

Und doch ist der englische Strafprozeß hervorragend populär, der unsrige, der Rechtsgarantien im Übermaß bietet, unpopulär. Was sind die Gründe?

Sind es lediglich mangelnde Kenntnis des Gesetzes, mangelnde Kenntnis unserer Praxis, ein Übermaß der Kritik, Sensationssucht der Presse und die im deutschen Volkscharakter liegenden Fehler des Mißtrauens, der Sentimentalität, des unfruchtbaren Theoretisierens und ungerechten Generalisierens?

Zu einem gewissen Grade allerdings, wenn auch nicht zu einem so erheblichen Teile, wie es vielfach behauptet wird.

Dem Engländer genügt es, daß seine Richter Ehrenmänner sind und so räumt er ihnen sogar das Recht zur Weiterbildung des Gesetzes ein. Die Presse giebt ausführlich und rein sachlich den Verlauf der Gerichtsverhandlungen wieder, meist ohne jeden Kommentar. Und dabei wäre doch so manches im englischen Prozesse reformbedürftig, insbesondere das Beweisrecht, und die englischen Juristen verschließen sich dieser Erkenntnis nicht. Man ruft aber nicht nach Reform, wenn keine Aussicht besteht, das Parlament in Bewegung zu setzen, was im Gegensatz zu Deutschland äußerst schwer ist. Typisch ist der Verlauf des erwähnten Falles Beck, wo der Richter den Alibibeweis des Angeklagten, daß er zur Zeit der Tat nicht in London, sondern in Südamerika gewesen sei, ausgeschlossen hatte. Die deutschen Zeitungskorrespondenten haben nach deutscher generalisierender Betrachtungsweise in diesem Fall geradezu den Bankerott der englischen Strafjustiz und den Anstoß zu umfassenden Reformaktionen gesehen. Und was ist geschehen? Nichts! Man hat wie üblich eine Kommission eingesetzt, welche den Fall untersucht hat, die Zeitungen haben darüber geschrieben und damit war der Fall begraben; keine politische Partei hat den Fall zum Ausgangspunkt einer Reformaktion gemacht, denn die nüchterne engliche Betrachtungsweise konnte sich nicht überzeugen, daß hier ein über den Einzelfall hinausreichender Mißstand hervorgetreten sei, der eine allgemeine Gefährdung darstelle und das Vertrauen zum Richterstande erschüttere.

Deutschland besitzt einen Richterstand mit denselben hohen Eigenschaften wie sie den englischen auszeichnen; man verlangt von ihm außerdem eine umfassende wissenschaftliche Ausbildung, man verweigert ihm aber die soziale Stellung und das Vertrauen, dessen sich der englische Richter erfreut; obwohl er sich tagtäglich in eine Reihe der verschiedenartigsten Lebensverhältnisse einarbeiten muß, wie sie sich in gleicher Mannigfaltigkeit dem Laien nicht bieten, heißt man ihn verknöchert, weil er sich pflichtgemäß an das Gesetz hält, durch das man ihn aufs engste eingeschnürt hat, ohne seiner Billigkeitsüberzeugung genügenden Raum zu gönnen. Trotz alledem geht der Richter unbeirrt und unabhängig von oben wie von unten in treuer Pflichterfüllung seinen Weg. Sodann beklagt man sich einerseits über die Verfolgungswut des Staatsanwalts, obwohl man ihn durch das Legalitätsprinzip verpflichtet hat, jede noch so geringfügige Bagatelle zu verfolgen, andererseits chikaniert man ihn durch ungerechtfertigte Anzeigen und durch Beschwerden gegen Einstellungsbeschlüsse mehr als recht ist; nur bei etwa 50 Prozent der eingehenden Anzeigen kann Anklage erhoben werden. Auch da, wo in Strafprozessen Schäden in unserem Volksleben, namentlich oft ein bedauerlicher Mangel an Verantwortungsgefühl und Wahrheitsliebe zu Tage treten, so z. B. wenn Meineide geschworen werden oder leichtfertige Anzeigen gemacht werden, sucht man oft die Schuld bequemer Weise bei der Justiz. Endlich schreiben in der Presse mit Vorliebe solche, die weder Fachleute sind, noch als Schöffen oder Geschworene, höchstens als Angeklagte an unserer Strafrechtspflege teilgenommen haben, über unsere Justiz.

Die Möglichkeit der Abhilfe liegt hier, abgesehen von der Abschwächung des Legalitätsprinzips und der erweiterten Heranziehung des Laienelementes, außerhalb der Grenzen der Strafprozeßreform. Dem Richter eine freiere Stellung zu geben, wird hauptsächlich Aufgabe der Reform des Strafgesetzbuchs sein. Im übrigen fällt der Presse die schöne Aufgabe zu, für eine sachliche Behandlung unserer Strafrechtspflege einzutreten und an der Erziehung zur Selbständigkeit und zum Gefühl der eigenen Verantwortlichkeit des Volkes mitzuarbeiten. Wir haben mit dem früher herrschenden System der Bevormundung in unserer neuesten Gesetzgebung gebrochen. Noch ist aber der Deutsche zu sehr geneigt, bei Übelständen die Schuld in den staatlichen Einrichtungen zu suchen und nach dem nur allzu leicht in Bewegung zu setzenden Gesetzgeber zu rufen. Unter diesem Gesichtspunkt gehen auch die Vorschläge der Strafprozeßkommission in der Beförderung der Selbsttätigkeit des Beschuldigten noch nicht weit genug; dazu gehört eben die Einräumung der reinen Parteistellung an ihn.

Bezüglich des Legalitätsprinzips bringt die Kommission dankenswerte Einschränkungen, siehe oben H. Indessen sollte man — wenn nicht der Staatsanwalt, so doch der Richter — Leute unter 14 Jahren auch o h n e das Einverständnis des Verletzten laufen lassen können, um nicht Gehässigkeit und Erpressung zu begünstigen. Und ebenso sollte der Staatsanwalt allgemein bei B a g a t e l l v e r g e h e n z. B. Diebstahl von ein paar Scheitchen Holz und Ähnlichem in geeigneten Fällen von der Verfolgung, der Richter von der Verurteilung absehen dürfen; derartige Bagatellen werden ja regelmäßig nur aus Feindschaft angezeigt und die möglichste Durchführung des Grundsatzes Minima non curat praetor kann dem Ansehen der Rechtspflege nur förderlich sein. Gegenüber von sonstigen gehässigen Anzeigen, von Betrugs- und ähnlichen Anzeigen, die lediglich bezwecken bei zivilrechtlichen Streitigkeiten die Kosten eines Zivilprozesses zu ersparen, und namentlich gegenüber der maßlosen Plage der Meineidsanzeigen sollte die Staatsanwaltschaft die Einleitung der Ermittlungen von einem Kostenvorschusse abhängig machen können.

Die Erweiterung der prinzipalen (unter Ablehnung der bei uns zur Zeit wohl nicht gebotenen subsidiären) Privatklage ist bestimmt, eine weitere Einschränkung der öffentlichen Verfolgung herbeizuführen. Doch wird das zunächst nicht viel Verminderung der Arbeit der Staatsanwaltschaften bedeuten. Erfahrungsgemäß suchen die Interessenten die Verfolgung auf die Staatsanwaltschaft abzuwälzen, so daß der mangels öffentlichen Interesses auf den Weg der Privatklage verweisende Staatsanwalt eine Beschwerde an die Oberstaatsanwaltschaft, manchmal sogar Inbewegungsetzung der Presse und in allen Fällen einen zeitraubenden Bericht an die Oberstaatsanwaltschaft in Aussicht nehmen kann. Das einfachste Mittel wäre hier, wenn die Ablehnung der öffentlichen Verfolgung nicht durch Beschwerde an die Oberstaatsanwaltschaft anfechtbar wäre. Sollte sich je später ein öffentliches Interesse herausstellen, so könnte ja die Übernahme der Verfolgung stets noch erfolgen oder das Gericht ermächtigt werden, dem privaten Verfolger seine Kosten aus der Staatskasse zu ersetzen. Andernfalls wäre eine schärfere Grenzziehung zwischen den Fällen der privaten und denen der öffentlichen Verfolgung, wie sie die Minderheit der Kommission für § 223a StGB. vorgeschlagen hat, sehr wünschenswert. Endlich ist noch der Standpunkt der Minderheit der Kommission, daß die Privatklage für die Reichsnebengesetze, namentlich für Vergehen gegen das Urheber- und Patentrecht erweitert werden sollte, der Beachtung wert, da den Staatsanwaltschaften dadurch viel unnütze Arbeit erspart würde. Begründete Verletzungen solcher Art werden regelmäßig im Zivilrechtsweg verfolgt, die unsicheren und faulen dagegen legt man der Staatsanwaltschaft vor.

Zu der erweiterten Heranziehung des Laienelements zur Rechtsprechung seien nachher unter B noch einige Bemerkungen gestattet.

Die tiefsten und wirklich gerechtfertigten Gründe der Unpopularität des deutschen Strafprozesses liegen jedoch im Gesetze selbst. Der deutsche Gesetzgeber hat in seinem Bestreben, möglichst starke Rechtsgarantien für den Beschuldigten zu schaffen, wobei er aber doch zugleich auf die Vernehmung des Beschuldigten nicht verzichten zu können meinte, die Grundsätze des modernen Prozesses verkehrt.

A. Das Verfahren.

Das englische Verfahren ist schleunig, klar, einheitlich; es sieht die wesentlichsten und nahezu einzigen Rechtsgarantien darin, daß der Beschuldigte von der verfolgenden Partei so rasch wie möglich vor den unbefangenen zuhörenden Richter gestellt werden muß zu öffentlicher Verhandlung, wo er als völlig unschuldig zu behandeln ist, und die volle Parteistellung hat, wo die Zeugen dem Kreuzverhöre unterworfen werden und das Urteil unter angemessener Beteiligung der Volksgenossen gesprochen wird. Das hat den englischen Prozeß zu einem dauernd lebensfähigen und volkstümlichen gemacht; er „arbeitet".

Unser Verfahren ist umständlich und schwerfällig,*) es ist beherrscht von der Scheu vor der Hauptverhandlung; unsere Gerichtsverfassung ist so heterogen als möglich und schließt die Laien von der Strafkammer aus; das Vorverfahren ist geheim und schriftlich; den Ankläger und den Beschuldigten bezeichnet man wohl als Partei, sie sind es aber im Grunde nicht; der Richter hat den Beschuldigten zu vernehmen; und schließlich trifft die Strafe den Beschuldigten häufig erst in einem Zeitpunkt, in dem er seine Tat mit seinem Gewissen abgemacht und in dem die Strafe einen Teil ihrer Wirkung und Berechtigung bereits verloren hat; kein Wunder, daß der Beschuldigte ihr dann durch Leugnen, Widerruf früherer Geständnisse, heftige Angriffe auf Zeugen und Sachverständige zu entgehen sucht und dabei vielfach dadurch unterstützt wird, daß die Erinnerung der Zeugen inzwischen verblaßt ist. Es ist nicht richtig, wenn man das vielfach vorhandene Mißtrauen gegen unsere Richter als eine Erbschaft des mittelalterlichen Inquisitionsprozesses bezeichnet; der englische Richter hat in den Zeiten, wo ihm die Vernehmung des Beschuldigten gestattet war, dieses Recht energisch mißbraucht, — das Vertrauen des Volks ist dadurch nicht auf Jahrhunderte hinaus erschüttert worden. Dieses Mißtrauen ist vielmehr die ewig sich erneuernde Folge der heute noch im Gesetze festgehaltenen Überreste des Inquisitionsprozesses und der daraus sich ergebenden falschen Konstruktion unseres Verfahrens. „Mißtrauen" ist übrigens nicht ganz der richtige Ausdruck: Niemand kann im Ernste die Unparteilichkeit unserer Richter antasten und niemand kann behaupten, daß unsere Richter nicht in all den großen Prozessen, welche in den

*) Das fällt besonders auch im internationalen Verkehr auf. Englische Richter fragten mich häufig, wie es komme, daß die Vorlegung der Akten bei unseren Auslieferungsanträgen stets am spätesten erfolge, während wir sonst so prompt seien.

letzten Jahren die Öffentlichkeit beschäftigt haben, in vollem Maße ihre Pflicht erfüllt haben; es besteht aber in der Öffentlichkeit das starke Gefühl, daß der Beschuldigte nicht die würdige Stellung hat, die im modernen Rechtsstaat gefordert wird, und dieses Gefühl des Unbehagens wird immer lebendig bleiben und immer neue Angriffe auf unsere Justiz hervorrufen, bis auch wir die Vernehmung des Beschuldigten, d. h. die Verwertung des Beschuldigten gegen sich selbst als Beweismittel, über Bord werfen.

Der moderne Standpunkt ist folgender: Ein Verbrechen ist geschehen. Das Verbrechen verletzt die Gesamtheit, also den Staat. Dieser verfolgt die Verletzung durch seinen Anwalt und rüstet ihn mit seinen Machtmitteln aus, damit er den Schuldigen zur Strafe ziehe. Darüber, ob der staatliche Strafanspruch gerade dem Beschuldigten gegenüber begründet ist, auf den der Staatsanwalt durch seine Ermittelungen geführt worden ist, soll ein unabhängiger, unparteiischer Richter entscheiden. So ist es im modernen Rechtsstaat, der nicht mehr den Anspruch erhebt, den Verdächtigen zu foltern, um ihn zu überführen, und der von dem Schuldigen auch nicht mehr den Heroismus verlangt, sich selbst zu belasten. Danach ist die Parteistellung des Staatsanwalts und des Beschuldigten vor Gericht gegeben wie in einem Zivilprozesse, nur daß für den Richter die Pflicht zur Wahrheitserforschung besteht. Der Beschuldigte mag freiwillig den staatlichen Strafanspruch anerkennen; tut er das nicht, so hat der Ankläger dem Richter den Beweis zu erbringen.

Was bestimmt dagegen unser Gesetz? Man vergegenwärtige sich im einzelnen:

Der verfolgende Staatsanwalt ist nicht Partei: — aus Rücksicht auf den Beschuldigten hat man ihm eine unparteiische amtliche Stellung zugewiesen, in der er wie die Belastungs-, so auch die Entlastungsbeweise erheben soll; man hat sogar behauptet, er habe zunächst die Entlastungsbeweise zu erheben. Die folgerichtige Durchführung dieser Auffassung hat für die schwereren und die umfangreicheren Straftaten zur Einsetzung des Untersuchungsrichters geführt. Nicht genug damit, hat man weiterhin aus Rücksicht auf den Beschuldigten den Eröffnungsbeschluß eingeführt; wenn der Staatsanwalt seine Ermittelungen abgeschlossen hat, fertigt er seine Anklageschrift und legt sie dem Gerichte vor, damit dieses entscheide, ob „hinreichender Verdacht" zur Eröffnung des Hauptverfahrens gegen den Beschuldigten vorliegt, d. h. eine Stärke des Verdachts, welche eine Verurteilung erwarten läßt. Auch in der Hauptverhandlung bis zum Plädoyer ist der Staatsanwalt nicht Partei; er trägt die Anklage nicht vor, begründet sie nicht und führt die Beweismittel nicht vor; obwohl er das Verfahren gegen den Beschuldigten herbeigeführt hat, bleibt er im Hintergrunde, bis er endlich im Plädoyer den Standpunkt der Anklagebehörde darlegt.

Der Beschuldigte ist ebensowenig Partei; er verhandelt und plädiert nicht, sondern wird vernommen. Er nimmt an der Sammlung der Beweise im wesentlichen nur passiv teil und den natürlichen Weg des Verfolgten zum Richter hat man ihm dadurch verschlossen, daß man ihm nicht einen unbefangenen Richter gegenübergestellt hat, sondern einen Inquirenten, welcher von dem am Richtertische sitzenden Ankläger zuvor mit dem nötigen Aktenmaterial versehen worden ist und nun anscheinend unter des Anklägers Assistenz und Kontrolle vernimmt. Der Richter oder Gerichtsschreiber verliest den Eröffnungsbeschluß und dann fragt der Richter den Angeklagten, ob er auf die Anklage etwas erwidern wolle. Wir hätten das als Gegenstück zu der englischen Frage: „Schuldig oder Nichtschuldig?“ behandeln können, statt dessen hat man daraus eine Pflicht des Richters zur Vernehmung und ein Recht des Angeklagten auf Vernehmung gemacht. Man vernimmt den Angeklagten regelmäßig von vornherein eingehend, hält ihm die Aussagen der Zeugen im Vorverfahren und die für die richterliche Beweiswürdigung daraus sich ergebenden Schlüsse der Reihe nach vor und nimmt so die Beweisaufnahme vorweg, ohne daß man immer weiß, ob sie die Ergebnisse des Vorverfahrens bestätigen wird. Der Angeklagte kann sogar das Rechtsmittel der Revision darauf stützen, daß er nicht genügend vernommen worden sei.

Rechtsgarantie über Rechtsgarantie für den Beschuldigten und doch, wie überflüssig und wie schädlich!

Weshalb soll der Staatsanwalt nicht Partei sein? Als ob er nicht im eigensten Interesse der Verfolgung den Entlastungsbeweisen nachginge, soweit er ihrer habhaft werden kann! Die wesentlichste Garantie gegen nicht genügend begründete Anklagen ist doch gerade die eigene Verantwortung des Staatsanwalts in öffentlicher Verhandlung. Statt dessen hat man ihm die Verantwortung abgenommen und hat über die Anklage vor Eröffnung des Hauptverfahrens einen richterlichen Beschluß eingeschoben. Obwohl es im eigensten Interesse des Beschuldigten liegt, daß bis zu dem auf Grund der öffentlichen Hauptverhandlung ergehenden Urteil nur einseitige Klagebehauptungen einer Partei vorliegen, hat man durch den richterlichen Eröffnungsbeschluß den Beschuldigten zu einem „hinreichend Verdächtigen" gestempelt und das bleibt meist auf ihm sitzen auch wenn er freigesprochen wird. Hier bedeutet es schon einen großen Fortschritt, wenn die Kommission an Stelle des Eröffnungsbeschlusses die Verfügung, daß die Hauptverhandlung stattzufinden habe, setzt, die sich über das Maß des gegen den Beschuldigten vorliegenden Verdachts nicht auszusprechen hat. Jedoch ist mit der Grundlage, auf welcher der Eröffnungsbeschluß erwachsen ist, noch nicht gebrochen.

Auch für die Hauptverhandlung liegt es im Interesse des Beschuldigten, daß ihm nicht ein übergeordneter, am Richtertische sitzender, unverantwortlich im Hintergrunde bleibender Staatsanwalt gegenüber gestellt wird, sondern eine mit ihm offen auf gleichem Boden kämpfende Partei, die auch äußerlich, am Tische der Rechtsanwälte, in gleicher Weise wie er selbst und sein Verteidiger dem Gerichte untergeordnet ist. Abgesehen davon, daß man nur so die unserem Prozesse mangelnde Selbsttätigkeit des Beschuldigten erzielen kann, erreicht man auch noch die Beseitigung zweier weiterer Schäden — der Belastung des Richters mit staatsanwaltlicher Parteitätigkeit in der Hauptverhandlung und der Belastung des Staatsanwalts mit dem Odium einer ungerechtfertigten Autoritätsstellung. Warum sollen wir dem Beschuldigten und dem Verteidiger länger den nicht zu unterschätzenden Vorteil des populären Ankämpfens gegen die übergeordnete Stellung des Staatsanwaltes lassen und dadurch das Verhältnis zu den Rechtsanwälten und die Sachlichkeit des Verhandelns vor unseren Strafgerichten immer aufs neue gefährden?

Weshalb soll nicht auch der Beschuldigte selbst Partei und nur Partei sein, welche frei, ohne durch eine Vernehmung dazu genötigt zu sein, ihre Ausführungen geben mag? Wohl sagt man, nur die Vernehmung des Beschuldigten als solchen biete die Garantie, daß alle ihm günstigen Momente erhoben werden; der Richter würde sich aber nach deutscher Art im Strafprozeß gewiß so wenig wie seither im Zivilprozesse seiner Ehrenpflicht entziehen, der Anwalt des Beklagten zu sein und ihn auf seine Rechtsbehelfe aufmerksam zu machen. Schließlich mag man ein Fragerecht des Richters — aber nur das! — wie im Zivilprozesse anerkennen d. h. Recht und Pflicht des Richters gegenüber beiden Parteien, eine gründliche Erörterung des Falles durch die Parteien selbst herbeizuführen und sie darauf hinzuweisen, wo Erläuterungen erforderlich sind oder nach der Beweislage Erklärungen von ihnen erwartet werden können z. B. über die Ausführungen der Gegenpartei, den Erwerb gestohlener Sachen usw.

Die Vernehmung ist aber nicht nur entbehrlich, sie ist auch im höchsten Grade schädlich; denn sie unterbindet die Selbsttätigkeit des Beschuldigten, sie läßt sein Bestreben naturgemäß darauf gehen, sich möglichst einfältig zu stellen und jedes strafbare Bewußtsein in Abrede zu stellen. Sie ist zugleich der tiefste Grund des Mißtrauens gegen die Justiz. Die öffentliche Meinung sieht in ihr die Tendenz, den Beschuldigten durch geschicktes Inquirieren zu Geständnissen zu bringen, ihn zu „fangen"; denn zu welchem anderen Grunde, sagt man, will man gerade den befragen, der das meiste Interesse an der Verheimlichung der Tatumstände hat? Daß das ungerechtfertigte Schlußfolgerungen sind, braucht man nicht erst zu sagen, es ist aber bedauerlich, daß das Gesetz auf diese für den Laien nicht so ferne liegenden Schlußfolgerungen keine Rücksicht nimmt.

Das Bedauerlichste ist jedoch, daß man mit dieser Vernehmung gerade den Richter belastet, von dem man alles aufs Peinlichste fernhalten sollte, was der Parteitätigkeit angehört oder sonstwie den Anschein der Voreingenommenheit erwecken kann. Statt dessen hat man ihm in der Hauptverhandlung die Stellung des Anklägers, des Inquisitors und des Beweisführers zugleich auferlegt: so scheint es wenigstens nach außen. Er ist bei der ihm obliegenden Vernehmung des Beschuldigten auf die ihm vorgelegten Akten des Verfolgers angewiesen und soll doch jeden Anschein vermeiden, als ob er sich auf Grund der Akten bereits eine Meinung gebildet hätte. Um so mehr sind unsere Richter bemüht, diesen Schein durch rücksichtsvolle Behandlung des Angeklagten und des Verteidigers und um so eindringlichere Behandlung der Zeugen zu entkräften; daher die Zeugenflucht in Deutschland. In übergroßer Gewissenhaftigkeit sucht man vielfach jede noch so einfache und selbstverständliche Feststellung möglichst nur auf Grund des Geständnisses des Angeklagten zu treffen; man vernimmt auch Geständige, die froh wären, ihre Tat nicht nochmals erzählen zu müssen, ausführlich, um Milderungsgründe zu finden; man geht auf auf jede noch so weit hergeholte Ausflucht des Beschuldigten ein; vor unseren Strafkammern ist es vielfach geradezu so geworden, daß nicht der Ankläger das Beweisthema aufstellt, sondern der Angeklagte, welcher durch die vor Abhörung der Zeugen erfolgenden Vorhalte in den Stand gesetzt ist, alle möglichen fernliegenden Einwendungen zu erheben, die Zeugen zu verunglimpfen, ihre Glaubwürdigkeit im voraus anzufechten und die Beweiskette im voraus eines Teils ihrer Wirkung und ihrer Geschlossenheit zu berauben.

In der schiefen Stellung des inquirierenden Richters liegt die unversiegbare Quelle der Unannehmlichkeiten, denen die Zeugen ausgesetzt sind, der übermäßigen Ausdehnung unserer Gerichtsverhandlungen, der dem Laien unverständlichen Feinheiten unserer Praxis, sowie des Mißstands, daß der Geständige vielfach schlechter fährt als der gewandte Lügner.

Vor allem aber empfindet die Allgemeinheit die Vernehmung des Beschuldigten als eine des bewußten modernen Menschen unwürdige Behandlung und die Sympathien gehören dem Beschuldigten, nicht dem mit dem Verbrechen kämpfenden Staat. Der Drang nach einer würdigen, klaren Ausgestaltung des Verfahrens, welche schon die alten Volksrechte in ihrem Anklageprozesse durchgeführt hatten, wurzelt tief in unserem Volke. Es will den Beschuldigten als selbsttätige, vollberechtigte Partei sehen. Andererseits erscheint ihm auch mit Recht ein Jeder, der verfolgt, als verantwortliche Partei, mag man ihn Staatsanwalt, Untersuchungsrichter oder sonstwie heißen und mag ihn ein Eröffnungsbeschluß formell der Verantwortung entheben oder nicht. Und schließlich will das Volk die Gewißheit einer völlig unbefangenen, nicht voreingenommenen Stellung des Richters haben. So sehr man in mißverstandener Fürsorge für den Beschuldigten alles getan hat, um nur einen „hinreichend Verdächtigen" zur Hauptverhandlung zu bringen, so sehr wehrt man sich andererseits gegen den leisesten Anschein, als ob der Richter ihn als solchen behandelte.

An unsern Richtern und Staatsanwälten liegt die Schuld für die Unzuträglichkeiten unseres Verfahrens nicht; sie tun, wenn wir von der allgemeinen menschlichen Unvollkommenheit und von den nie ganz auszuschließenden gelegentlichen Ungeschicklichkeiten Einzelner absehen, alles was sie in der Stellung leisten können, welche ihnen die falsche Konstruktion des Gesetzes angewiesen hat; und innerhalb wie außerhalb des Juristenstandes sorgt eine scharfe Kritik für Abstellung der Mißstände, soweit sie nicht im Gesetze selbst begründet sind und daher nur mit diesem fallen können. Die Abhilfe liegt in der Durchführung des reinen Parteiprozesses und damit zugleich in der Reinigung der richterlichen Stellung von aller Tätigkeit, die nicht unmittelbar richterlich ist. Über diese

Grundfragen des Prozesses ist die Kommission hinweggegangen und doch müssen gerade sie in den Mittelpunkt der Reform gestellt werden: —

Der Richter muß wieder ein unbefangen über den vor ihm verhandelnden und ihren Beweis führenden Parteien stehender Richter werden. Die beschuldigte Partei darf nicht mehr vernommen werden; wie auch die Beweislage sei, es darf von ihr kein Geständnis erwartet und auch nicht darauf hingearbeitet werden. Die Energie, mit der die verfolgende Partei ihre Beweise sammelt, wird dadurch eher gesteigert. Durch die gleichzeitige Beförderung der Selbsttätigkeit des Beschuldigten, welche ja auch von der Kommission durch verschiedene Bestimmungen angestrebt wird, welche sich aber nur bei Durchführung des Parteiprozesses erreichen läßt, wird eine wesentliche Beschleunigung des Verfahrens erzielt werden. Ab und zu würde wohl ein Verbrecher durchschlüpfen, den man seither auf Grund seiner eigenen Aussagen überführen konnte; aber die Zahl der Geständigen würde gerade wegen dieses würdigen Standpunktes schwerlich geringer sein, und vor allem würde das Interesse und die Mithilfe der Allgemeinheit bei der Strafverfolgung wieder geweckt werden, wenn sie klar vor Augen sieht, daß der Richter nicht mehr an der Überführung des Beschuldigten mitzuarbeiten hat. Die Öffentlichkeit wird dann auch gelegentliche Entgleisungen eines Staatsanwalts, die heute mit Entrüstungsstürmen gegen die Justiz im allgemeinen beantwortet zu werden pflegen, mit derselben Heiterkeit aufnehmen, wie rhetorische Entgleisungen des Verteidigers.

Der Grundsatz der Mündlichkeit und Unmittelbarkeit wird voll in sein Recht treten. Das von der Kommission vorgeschlagene abgekürzte Verfahren wird zum mindesten für alle die vielen vor das kleine Schöffengericht gehörenden Sachen Regel. Die Hauptverhandlung wird sich in der Weise abspielen, daß an Stelle der eindruckslosen Verlesung des Eröffnungsbeschlusses oder einer Erklärung des Vorsitzenden die mündliche Darlegung des Falles durch den Ankläger tritt, worin er sagt, um welche Straftat es sich handelt, aus welchen Tatumständen sie sich zusammensetzt und womit er sie beweisen will. Der Beschuldigte mag dann wie der Beklagte im Zivilprozesse gestehen oder bestreiten und entweder hier oder nach Vernehmung der klägerischen Zeugen seine Darstellung des Falles geben; bestreitet er, so wird der Ankläger seine Zeugen der Reihe nach aufrufen und zu zusammenhängender Darstellung veranlassen; die Zeugenaussagen treten wieder klar und geschlossen als Hauptbestandteil der Verhandlung hervor und ermöglichen wieder eine einheitliche, übersichtliche und natürliche Beurteilung des Tatbestands. Der Beschuldigte hat das Recht des Kreuzverhörs und mag dann seine Zeugen ebenfalls aufrufen und vernehmen. Die Frage, von welcher Seite ein Zeuge benannt ist, wird sich so wenig störend fühlbar machen wie bisher im Zivilprozesse, da die Zeugen nach wie vor zusammenhängend zu erzälen haben würden und der Richter jederzeit eingreifen kann und soll, um überflüssige Parteiausführungen und unerhebliche oder suggestive Fragen abzuschneiden oder selber Fragen an die Zeugen zu stellen, wie er andererseits auf Vervollständigung und Erläuterung der Parteiausführungen hinzuwirken hätte. Die Bedenken der Kommission gegen das Kreuzverhör, die für Amerika zutreffen mögen, werden durch die englische Praxis nicht gerechtfertigt. Durch die Stärkung der richterlichen Stellung, welche nicht mehr mit der Vernehmung des Beschuldigten und der ausschließlichen Vernehmung der Zeugen belastet wäre, wird im Gegenteil der Schutz der Zeugen erhöht und es wäre nur zu wünschen, daß die Sitzungspolizei des Richters noch weiter dadurch gestärkt würde, daß die von ihm verhängten Ordnungsstrafen unanfechtbar wären. Schließlich wäre es im Interesse der Sachlichkeit unserer Verhandlungen zu begrüßen, wenn die Parteien nach der Beweisaufnahme nur zur Schuldfrage plädieren würden und insbesondere der Staatsanwalt nicht mehr einen bestimmten Strafantrag stellen und begründen müßte.

Bei dieser Gestaltung des Verfahrens wären auch die Parteiakten nicht mehr wesentlich, sie könnten dem Richter vor der Verhandlung vorgelegt werden wie vorbereitende Schriftsätze im Zivilprozeß, sie wären aber nur zu seiner Orientierung bestimmt. Eine Vorbereitung des Richters auf die Verhandlung eines Straffalls ist in der überwiegenden Anzal der Fälle nicht notwendig. Unsere Verbrechensbegriffe sind im allgemeinen klar und einfach, ebenso die Straftaten und wo unsere Geschworenen und Schöffen und das große Publikum mit Leichtigkeit folgen können, da kann es doch der erfahrene rechtsgelehrte Richter doppelt so gut. Es ist Sache des Staatsanwalts, dem Richter die Tatbestandsmerkmale — eines um das andere — zu beweisen; handelt es sich ausnahmsweise um kompliziertere Fälle, da mag der Richter seinen Urteilsspruch aussetzen wie im Zivilprozeß. In Wirklichkeit waren die Akten seither hauptsächlich dazu bestimmt, dem Richter das nötige Material für seine Vernehmung des Beschuldigten und der Zeugen zu beschaffen.

Wie beschaffen wir dem Richter dieses Material? Das war die Grundfrage des bisherigen Vorverfahrens. Solange der Richter auf Grund der Akten zu vernehmen hatte, mußte das Vorverfahren ein schriftliches bleiben. Brauchen wir keine Akten für den Vorsitzenden, so brauchen wir auch kein formelles Vorverfahren mehr. Wir können es dann grundsätzlich überall den Parteien überlassen, wie sie sich vorbereiten und ihre Beweismittel sammeln; daß dabei ein System der Überraschungen herauskommen würde, ist hier noch weniger als im Zivilprozesse zu befürchten, da beide Parteien des Strafprozesses in ihrem eigensten Interesse von Anfang an den besten Beweis geben werden.

Für eine Voruntersuchung ist hier kein Platz. Sie ist entbehrlich. Es ist im Grunde eine Frage der Bezeichnung, ob man Staatsanwalt oder Untersuchungsrichter sagt; die verfolgende Tätigkeit ist in beiden Fällen dieselbe und an der Erhebung der Entlastungsbeweise haben Staatsanwalt und Untersuchungsrichter ja gleiches Interesse. Anzuerkennen ist die sorgfältige Führung der Voruntersuchungen. Wir erreichen aber dasselbe, wenn wir einen Teil der Staatsanwälte ausschließlich mit großen Sachen beschäftigen; man kann auch die Untersuchungsrichter zu Staatsanwälten machen mit ähnlichem Geschäftskreis wie seither. Die Unterschiede zwischen den Ermittlungen der Staatsanwälte und der Untersuchungsrichter werden dadurch vollends ausgeglichen, daß nach den Vorschlägen der Kommission die Staatsanwälte ihre Ermittlungen regelmäßig in Person vornehmen sollen, daß sie Zeugen vorführen lassen dürfen und daß ihre Protokolle den richterlichen analog behandelt werden sollen.

Die Frage, wie eine entsprechende Vorbereitung des Beschuldigten erzielt werden soll, beantwortet die Kommission in der Weise, daß sie dem Staatsanwalt oder Untersuchungsrichter aufgiebt, dem Beschuldigten nach Schluß der Ermittlungen die Gesamtheit der Beweise vorzuhalten. Das ist kein glücklicher Gedanke, denn das wird nach außen nur als eine besonders wuchtige inquisitorische Vernehmung erscheinen und ist daher dringend zu widerraten. Im Parteiprozeß muß jede Vernehmung des Beschuldigten wegfallen; man hat ihm lediglich die Beschuldigung ohne abstrakte Formeln und ohne Zerlegung der Tat in einzelne Begriffsmerkmale kurz und verständlich nebst den Namen der Zeugen mitzuteilen*) mit dem Beifügen, daß er Aussagen machen könne, wenn er wolle, daß er aber nicht dazu verpflichtet sei und daß er seine Zeugen

*) Beispielsweise: Sie werden beschuldigt, Sie haben am 2. August 1905 in Tübingen dem Privatier Karl Schmied daselbst eine Uhr gestohlen: Sie haben

zur Verhandlung selbst mitbringen oder deren Ladung beim Gericht beantragen könne.

Das genügt, denn der Beschuldigte ist regelmäßig über die Tat am besten orientiert — nach der Tatseite wie nach der Willensseite: pflegen doch die Straftaten nicht aus komplizierten Überlegungen hervorzugehen, sondern einfache, klare, bis zu einem gewissen Grade natürliche Äußerungen des menschlichen Trieblebens darzustellen.

In den schwersten Fällen steht dem Beschuldigten von Amtswegen ein Verteidiger zur Seite. Und in sämtlichen Fällen ist es der beste Schutz des Beschuldigten, wenn er so rasch wie möglich vor den Richter tritt, damit sofort die Sachlage nach allen Richtungen geklärt wird. Außerdem haben wir im Gegensatz zu England auch noch Berufung und Revision.

Es würde sich vielleicht empfehlen, wenn zur Belehrung der beschuldigten Partei über ihre Rechte in jedem Stadium des Verfahrens ein diese Rechte verständlich zusammenfassendes Formular abgefaßt und während der Übergangszeit bei Einleitung des Verfahrens durch die Polizei oder die Staatsanwaltschaft dem Beschuldigten ausgehändigt würde; auch sonst ließe sich in unserer Justiz noch manche Arbeit durch erweiterte Anwendung von Formularen ersparen.

Wo übrigens der gegen den Beschuldigten bestehende Verdacht möglicherweise durch eine Erklärung des Beschuldigten behoben würde, oder Strafausschließungs- oder Strafmilderungsgründe in Frage kommen, sollte dem Verfolger die Befugnis zur interrogatio in jure gewährt werden, d. h. die Befugnis, den Beschuldigten vor den Richter zu laden und zur Erklärung aufzufordern; das ist keine Vernehmung. Nachträglicher Beweisantritt trotz verweigerter Erklärung wäre dann so gut wie in England als Verschleppungsversuch zu behandeln (s. oben S. 44). Endlich könnte es auch aus anderen Gründen z. B. in Haftfällen oder wegen Zusammenstößen mit der Gegenpartei bei der Beweissammlung, für Staatsanwalt oder Beschuldigten bezw. Verteidiger wünschenswert sein, von Anfang an ganz oder für einzelne Akte vor dem Richter zu verhandeln; man könnte mit dieser Anrufung des Gerichts meist schon die Hauptverhandlung beginnen lassen, sonst würde man sie als vorweggenommene Beweisaufnahme oder nach Art des vorbereitenden Verfahrens (ZPO. §§ 348 ff.) behandeln.

---

in der Zeit vom 10. bis 20. September 1905 in Ulm Ihrem Prinzipal, dem Kaufmann Fritz Meier daselbst, 200 M. unterschlagen usw.

Die endgiltige Unterrichtung des Beschuldigten, auf die er einlassungspflichtig ist, hätte in den schweren, vor die großen Schöffengerichte gehörigen Fällen im allgemeinen durch eine Anklageschrift mit Ermittlungsergebnis zu erfolgen, in den anderen Fällen durch die soeben berührte Mitteilung der Beschuldigung nebst Benennung der Zeugen. Praktischer Weise wäre aber hievon nicht nur in den Fällen abzusehen, in denen nach den Vorschlägen der Kommission das abgekürzte Verfahren zur Anwendung kommen soll, sondern auch in den Fällen, in denen der Beschuldigte bereits genügend unterrichtet ist: hat sich die gesamte oder doch die wesentliche Beweissammlung in Gegenwart des Beschuldigten vollzogen, sind z. B. sämtliche wesentliche Zeugen vom Polizeibeamten oder in den schwereren Fällen vom Staatsanwalt in Anwesenheit des Beschuldigten gehört worden, so ist eine nochmalige schriftliche Mitteilung der Beschuldigung und ebenso eine förmliche Anklageschrift überflüssig und es können auch auf diese Fälle die Grundsätze des abgekürzten Verfahrens (II. K.) Anwendung finden.*)

Jedenfalls sollte das abgekürzte Verfahren bei dem kleinen Schöffengericht in allen Fällen als Regel gelten. Sonst macht sich wieder das Schwergewicht der Schreibstube geltend und es geht wie mit dem schon bisher im § 211 StPO. vorgesehenen abgekürzten Verfahren, das nicht praktisch geworden ist. Soll die erforderliche Arbeit geleistet werden, so kann man nicht bald ein abgekürztes oder richtiger mündliches, bald ein schriftliches Vorverfahren Platz greifen lassen, sondern es muß in allen Fällen grundsätzlich dasselbe Verfahren stattfinden — entweder ein schriftliches oder ein mündliches — und da wir heute dem mündlichen Verfahren den Vorzug geben, so muß es durchweg mündlich sein.

Dieses Verfahren liegt in den Händen des richterlich vorgebildeten Staatsanwaltes und es ist eine glückliche Neuerung, daß die Gerichte

---

*) Einwendungen des Beschuldigten gegen die Eröffnung des Hauptverfahrens haben keinen Platz. Die Kommission läßt sie (J. S. 39) inkonsequenterweise zu, obwohl sie in Verletzung der Grundsätze, welche sie zur Abschaffung des Eröffnungsbeschlusses geführt haben, so wiederum zu einem Vorentscheid gegen den Beschuldigten kommt. Für den hier vertretenen Parteiprozeß regelt sich die Frage einfach in der Weise, daß die beschuldigte Partei oder das Gericht dem Ankläger die Einwendungen mitteilt und daß sich dieser hierauf, eventuell nach Anstellung weiterer Ermittlungen, schlüssig macht, ob er die Klage durchführen oder fallen lassen kann. Einzig und allein bei der Verhaftung kann auch im Vorverfahren eine richterliche Entscheidung nicht entbehrt werden, doch würde man ja meist mit Vorführung des Verhafteten vor das Gericht sofort die Hauptverhandlung beginnen lassen.

von der seitherigen weitgehenden Vernehmungstätigkeit im Vorverfahren entlastet werden, ohne daß wir andererseits wie der französische Strafprozeß das Vorverfahren wesentlich der Polizei überlassen. Aber selbstverständlich können die ohnedies überlasteten Staatsanwälte keineswegs auch nur die Mehrzal der Ermittlungen selber vornehmen. Die Vorbereitung der einfachen Fälle muß nach wie vor von der Sicherheitspolizei geleistet werden, wenn auch unter Kontrolle des Staatsanwalts. Das abgekürzte Verfahren stellt auch an diese Hilfsbeamten der Staatsanwaltschaft erhöhte Anforderungen, und dazu sind durchweg Leute erforderlich, die eine allgemeinere Bildung besitzen und eine besondere Berufsausbildung genossen haben wie unsere vorzügliche staatliche Polizeimannschaft, und die unter steter Aufsicht und in fortwährendem mündlichem Verkehr mit der Staatsanwaltschaft stehen Daraus ergiebt sich die Notwendigkeit, die Sicherheitspolizei von allen ihr nicht wesentlichen Funktionen zu befreien und sie unmittelbar der Staatsanwaltschaft zu unterstellen. Es ist nicht zu begreifen, daß wir noch länger die unzulänglichen Gemeindepolizeiorganisationen dulden, wo mit mangelhaften Mitteln gearbeitet wird, keine engere Fühlung mit den übrigen Kriminalbehörden des In- und Auslands besteht und wo vielfach Leuten ohne genügende Ausbildung, ohne Kenntnis des Gesetzes, ohne Takt und manchmal auch ohne die erforderlichen moralischen Qualitäten die Macht anvertraut wird, in die persönliche Freiheit ihrer Mitbürger einzugreifen. Es ist kein Zufall, daß ein so freiheitliches Volk wie das englische, dessen schwächste Seite sonst die zusammenfassende organisatorische Tätigkeit zu sein pflegt, eine großartige, das ganze Land gleichmäßig umfassende, mit durchweg sorgfältig ausgewählten und ausgebildeten Leuten ausgerüstete Polizeiorganisation geschaffen hat (S. 9 ff.). Der seitherige ungleichmäßige Zustand bei uns hat schon allzulange gedauert und hat bei der Art, wie man bei uns Mißgriffe untergeordneter Polizeiorgane gern zu Ausflüssen des „Systems" unserer gesamten Justiz aufbauscht, schon allzulange auch unserer Justiz geschadet. Die Verstaatlichung der gesamten Sicherheitspolizei darf nicht länger aufgeschoben werden, sie ist eine der Vorbedingungen für eine gedeihliche Strafprozeßreform.

Das Verfahren in der Berufungsinstanz soll billigerweise ein zweites Erstinstanzverfahren sein, das wie von demselben Angeklagten so auch von demselben Staatsanwalte durchzuführen wäre. Nicht unbedenklich ist aber der von der Kommission befürwortete Wegfall der Protokollierung der wesentlichen Ergebnisse der Beweisaufnahme in erster Instanz. Sicherlich sind Protokolle vom Übel, die im Vorverfahren ohne Mitwirkung der Gegenpartei, ohne mündliche Verhandlung zustande gekommen sind und trotzdem Grundlage für die Vorbereitung des Richters und das Urteil sein sollen. Aber Protokolle in der Hauptverhandlung sind solange unentbehrlich, als wir im Gegensatz zu England Rechtsmittel haben. Z. B. sind die Fälle recht häufig, wo ein Zeuge erklärt, er habe in der ersten Verhandlung noch eine genaue Erinnerung gehabt, heute wisse er das nicht mehr so genau, er könne aber seine damaligen Aussagen auch heute auf seinen Eid nehmen. Soll ein solches Zeugnis zu Gunsten oder zu Ungunsten des Angeklagten unbeachtlich sein? Der Grundsatz der Mündlichkeit bedeutet, daß nichts zur Urteilsgrundlage gemacht werden darf, was nicht in mündlicher Verhandlung in Gegenwart beider Parteien ausgesagt worden ist. In dem ersten Momente aber, in dem das geschieht, muß es wegen der Vergänglichkeit der Erinnerung festgehalten werden. Das ist selbst englischer Grundsatz im Vorverfahren bei ordentlichen Straffällen vor dem Friedensrichter, wo sorgfältig protokolliert wird, nicht zuletzt zu dem Zwecke, die Erinnerung eines Zeugen auffrischen zu können, siehe oben S. 19.

Die Strafvollstreckung endlich gehört in die Hand des Gerichtes, nicht mehr, wie heute, in die der verfolgenden Partei.

Die ungeteilteste Zustimmung finden die Vorschläge der Kommission hinsichtlich der Gerichtsorganisation und der Durchführung der Berufung.*) Die deutsche Rechtspflege hat nichts vor dem Lichte der Öffentlichkeit zu verbergen und so will die Kommission sämtliche Gerichte erster und zweiter Instanz mit Schöffen neben einer Minderzal von Berufsrichtern besetzen. Das ist eine einzigartige Vertrauenskundgebung an die Laienwelt und es ist zu hoffen, daß sie mit gleichem Vertrauen erwidert und daß unsere Strafrechtspflege so zu einer wahrhaft volkstümlichen wird, zumal wenn jeder ehrenhafte erfahrene Mann aus dem Volke teilnehmen kann, der sich auf den Boden unseres Gesetzes zu stellen bereit ist.

*) Für die Revisionsinstanz wäre eine weitergehende Durchführung des Grundsatzes, daß das Reichsgericht zum Hüter der Rechtseinheit und nicht zur Entscheidung möglichst vieler Einzelfälle berufen ist, sehr erwünscht, wenn wir auch andererseits nie zu einer Beschränkung der Revision auf die Kronfälle der englischen Praxis (S. 55) kommen dürfen.

B. Die Gerichtsorganisation.

Die Schöffengerichte haben sich nach allseitigem Urteil durchaus bewährt und sind infolge des einträchtigen Zusammenwirkens von Laien und Berufsrichtern unsere volkstümlichsten Gerichte geworden. Strafkammer und Schwurgericht haben ihnen deshalb zu weichen. Die Strafkammer ist unbeliebt, obwohl sie die denkbar sorgfältigste Rechtsprechung hat. Nur Unkenntnis der tatsächlichen Verhältnisse kann behaupten, der Berufsrichter sei durch die tägliche Berührung mit dem Verbrechen entweder abgestumpft oder verbittert und daher geneigt, ohne weiteres zu verurteilen. In Wirklichkeit stellt der Berufsrichter ungleich höhere Anforderungen an den Beweis als der Laie, dem im allgemeinen die gefühlsmäßige Überzeugung von der Schuld des Angeklagten genügt, so sehr ihn mitunter nach der anderen Seite übertriebene Zweifel beeinflussen mögen. Im Interesse einer natürlicheren und weniger weitläufigen Rechtsprechung haben aber die Strafkammern den Schöffengerichten zu weichen.

Andererseits fällt das Schwurgericht, das im Vergleich zu seinem englischen Vorbild ein arbeitsunfähiges Ungeheuer ist. Die englische Jury arbeitet einfach, rasch, in Unterordnung unter den rechtsgelehrten Richter, an die von diesem gegebene rechtliche Grundlage gebunden; der unbestrittene Ruhm des englischen Geschworenen ist der, daß er „das Recht aus der Hand des Richters nimmt, auch wo es ihm unsympathisch ist", oben S. 20. Bei uns ist der Richter nur Verhandlungsleiter, der seine Rechtsansicht sorgfältig zu verbergen hat, so daß statt der Rechtsgrundsätze, die sonst in unserer Justiz hochgehalten werden, die Meinung des gewandteren Parteivertreters oder die persönliche Ansicht des energischsten Geschworenen durchdringt. Die Gründe der Kommission für die Abschaffung des Schwurgerichts sind für jeden durchschlagend, der diese Frage nicht zu einer politischen macht; sie schließen mit dem Satze, daß die Schwurgerichte, wenn die Sprüche der Geschworenen mit Gründen versehen werden müßten, von der allgemeinen Empörung des Volkes längst beseitigt sein würden. Übrigens ist nicht der Umstand wesentlich, daß die Geschworenen das vorgelegte Beweismaterial zu Gunsten oder Ungunsten des Angeklagten weniger zuverlässig prüfen als der Berufsrichter, vielmehr ist das unhaltbar, daß sie mit dem Gesetz, an das der Berufsrichter so streng gebunden ist, souverän schalten, ohne Gründe angeben zu müssen, und daß sie die Beantwortung der Schuldfrage regelmäßig nach ihrer Ansicht über die dem Engländer mehr nebensächliche Straffrage richten. Ein Zurückschrauben der Geschworenen auf den englischen Standpunkt ist undenkbar. Das Schwurgericht ist eine nationale Eigentümlichkeit Englands, die in ihrer Urform unübertragbar und in der gewählten Übertragungsform bei uns nicht eingewurzelt ist. Unserer deutschen Rechtsentwicklung entspricht es, die Laien entsprechend ihrem Drängen nach Teilnahme an der gesamten richterlichen Tätigkeit vertrauensvoll als Richter zu vollem Rechte neben den Berufsrichter zu setzen. Ihre Mitwirkung als Schöffen hält bei den Parteien und Parteivertretern das Streben nach einer lebensvollen, dramatischen Ausgestaltung der Hauptverhandlung in gleicher Weise wach wie seither ihre Mitwirkung als Geschworene. —

Die Kommission schlägt 4 erstinstanzliche und 4 Berufungsgerichte vor: den Amtsrichter allein, das kleine, mittlere und große Schöffengericht und entsprechend in der Berufungsinstanz das kleine Schöffenberufungsgericht, das mittlere und große Schöffengericht und das große Schöffenberufungsgericht (siehe oben II. S. T. U.). Man könnte zunächst daran denken, ob man nicht die Berufung in den vor die großen Schöffengerichte gehörigen Fällen und damit das große Schöffenberufungsgericht in der Weise ersparen könnte, daß man ein kontradiktorisches Vorverfahren vor dem kleinen Schöffengerichte stattfinden ließe, welches ähnlich dem Vorverfahren vor den englischen Friedensrichtern in Schwurgerichtsfällen mit Freisprechung oder mit Verweisung des Falles vor das große Schöffengericht endigen würde (s. oben S. 12). Zur Zeit würde diese Lösung nicht als Ersatz für die lange geforderte Berufung angesehen werden.

Geben wir also der Kommission recht, so bringt sie doch des Guten zu viel. In erster Instanz genügen Amtsrichter, kleines und großes Schöffengericht durchaus; das große hätte die Schwurgerichtsfälle, das kleine die Strafkammerfälle und die bisherigen Schöffengerichtssachen abzuurteilen und der Amtsrichter hätte die Übertretungen sowie das abgekürzte Verfahren in denjenigen Schöffengerichts- und Strafkammersachen zu erledigen, in denen der Beschuldigte darauf anträgt oder gesteht. Berufungsgericht gegen Amtsrichter*) und kleines

*) Die Berufung kann bei Übertretungen entbehrt werden, so gut wie z. B. in Bagatellsachen vor dem Gewerbegericht; zudem ist hier regelmäßig ein polizei-

Schöffengericht wäre das große Schöffengericht, gegen das große Schöffengericht das Schöffenberufungsgericht. (Man könnte diese 4 Gerichte dann auch als Amtsrichter, kleines, mittleres und großes Schöffengericht bezeichnen). Für das letztere genügt ein Kollegium von 3 Richtern und 6 Schöffen, für das große (mittlere) Schöffengericht eine Zahl von 2 (oder 3) Richtern und 4 Schöffen; die Kommission ist gegen eine Zweizal der Berufsrichter; die Zweizal ist bei uns zwar ungewöhnlich, sie würde aber auch bei uns nicht zu den befürchteten Unzuträglichkeiten führen.

Wenn wir seither beim Schwurgericht die Entscheidung der Schuldfrage ausschließlich in die Hände von Laien gelegt hatten, ohne ihnen eine feste rechtliche Grundlage geben zu dürfen, so wäre sogar die Überweisung der Schwurgerichtssachen an die kleinen Schöffengerichte ein Gewinn; um so mehr können wir die gesamten Strafkammersachen an die kleinen Schöffengerichte geben, äußerstenfalls wären sie zwischen kleinen und großen Schöffengerichten zu teilen. Die Feststellung eines gesetzlichen Tatbestands wird doch dadurch nicht schwieriger, daß eine höhere Strafe angedroht ist. Die Rechtsprechung der Schöffengerichte wird gewinnen, wenn ihr Wirkungskreis erweitert und mannigfaltiger wird; nur muß man auch die geeigneten Leute auf dem Amtsgerichte halten und die schwierigere und verantwortungsreichere Tätigkeit des Einzelrichters der kollegialen Tätigkeit unbedingt gleichwerten, was im Süden noch nicht der Fall ist; auch sonst muß man alles vermeiden, was die Entscheidung des Einzelrichters und des kleinen Schöffengerichts zu Vorentscheidungen herabdrücken könnte. — Schließlich besteht noch die Berufung, und diese Möglichkeit der Berufung an ein höheres Schöffengericht läßt auch eine über die Kommissionsbeschlüsse hinausgehende Tätigkeit des Amtsrichters als Erstinstanzrichters durchführbar erscheinen. Die Zuständigkeit des kleinen Schöffengerichts würde in jeder Hinsicht so groß wie die der bisherigen Strafkammern, die Zuständigkeit des Amtsrichters wäre auf 6 oder auch 12 Monate Gefängnis festzusetzen, und man könnte so auch den Geständigen prämiieren, der an sich eine höhere Strafe verwirkt hätte. Über die ausgedehnte Strafgewalt des Friedensrichters und der Quarter Sessions in England trotz mangelnder Berufung siehe oben S. 4—6.

liches Strafverfügungsverfahren vorangegangen. Die Fortführung der Übertretungsstrafen in den Vorstrafenregistern kann wegfallen. Nur die Übertretungen des § 361 Z. 3—8 und noch einige andere, wie z. B. Tierquälerei, sind als Vergehen herauszuheben. Die Vorstrafenregister wären bei den Amtsgerichten zu führen.

Die kleinen Schöffengerichte würden nach wie vor am Amtsgerichtssitze, die großen (mittleren) Schöffengerichte am Landgerichtssitze gebildet, jedoch mit der Möglichkeit, soweit zweckmäßig, abgezweigte große Schöffengerichte für Einzelfälle oder dauernd an einem Amtsgerichtssitze zu bilden; man könnte sogar daran denken, ob es nicht vorteilhaft wäre, grundsätzlich alle erstinstanzlichen Sachen auch der großen Schöffengerichte am Sitz des Amtsgerichts zu verhandeln in der Weise, daß ein oder zwei Richter des Landgerichts in soweit erforderlich monatlichem Turnus zu dem Amtsgerichte kämen und dort unter Zuziehung von einem oder zwei Richtern des Amtsgerichts mit den erforderlichen Schöffen als großes Schöffengericht tagen würden, so daß bei den Landgerichten nur die sämtlichen Berufungsgerichte gebildet würden. Die Schöffenberufungsgerichte (große Schöffengerichte) sollten an sich bei den Oberlandesgerichten gebildet werden; da dies aber in den meisten Bundesstaaten ausgeschlossen ist und demgemäß diese Schöffengerichte ebenfalls bei den Landgerichten gebildet werden müssen, so wäre es zur Wahrung des Devolutiveffekts der Berufung und zur Herbeiführung einer gewissen Gleichmäßigkeit der landgerichtlichen Praxis angezeigt, jedenfalls den Vorsitzenden aus den Richtern des Oberlandesgerichts zu entnehmen. Praktische Schwierigkeiten stehen dem nicht entgegen; es wird sich auch bei uns die Übung monatlicher Sitzungsperioden (mit denselben Schöffen) bei den größeren Schöffengerichten herausbilden.

Der schwächste Punkt der von der Kommission vorgeschlagenen Regelung ist das grundsätzliche Festhalten an den Landgerichten als Basis unserer Strafjustiz und demgemäß die Beschränkung der kleinen Schöffengerichte auf eine Strafgewalt von 6 Monaten, die Bildung von 4 (richtiger 7) Erst- und Zweitinstanzgerichten bei einem und demselben Landgericht. Das ist angesichts der vorzüglichen Bewährung der kleinen Schöffengerichte, die durch das Reichsgesetz vom 5. Juni 1905 entsprechend den Vorschlägen der Kommission eine wesentliche Erweiterung ihrer Zuständigkeit erfahren haben, bereits heute ein Anachronismus. Diese Erweiterung, sowie die Einführung des abgekürzten Verfahrens führt eine teilweise Dislozierung der bisher am Landgerichtssitze in größerer Zal versammelten richterlichen und staatsanwaltlichen Beamten herbei und sie wird auch die dringend erwünschte Dislozierung der nach den größeren Städten zusammenströmenden Rechtsanwälte anbahnen. Diese Entwicklung wird durch die unausbleibliche weitere Erhöhung der Zuständigkeit der Amtsgerichte nicht nur in Strafsachen, sondern auch in Zivilsachen fortgesetzt werden.

Die organisatorischen Fragen im einzelnen sind von verhältnismäßig untergeordneter Bedeutung; das Wesentliche ist die Durchführung der Beteiligung des Laienelements. Diese Beteiligung soll dem Richter und Verfahren auch unmittelbar zu Gute kommen. Der Richter soll dadurch eine etwas freiere Stellung dem Gesetze gegenüber erlangen und eine Reihe von Bestimmungen können fallen, welche einer mißtrauischen Gesetzgebung entsprungen sind und teils unnütze Erschwerungen des Verfahrens oder Verschleppungsmöglichkeiten des Beschuldigten darstellen, teils der Würde des Gerichts widersprechen oder die bereits übermäßige Schreibarbeit der Gerichtsbehörden vermehren. Insbesondere sind diejenigen Bestimmungen überflüssig, in denen sich noch die Kommission diesem Geist des Mißtrauens gebeugt hat, so wenn sie für den Antrag des Beschuldigten auf Eröffnung der Voruntersuchung nach Mitteilung der Anklageschrift keine Angabe von Gründen verlangt, oder für die Berufung überhaupt keine und für die Revision keine weitergehende Rechtfertigung als seither fordert. Der Vorschlag zu II. F, daß die den Fluchtverdacht begründenden Tatsachen aktenkundig zu machen sein sollen, hat lediglich eine Vermehrung der Schreiberei zur Folge. Ebenso ist es mit den Vorschlägen der Kommission hinsichtlich einer Verschärfung der Vorschriften über die Urteilsabfassung (II L.), wornach ersichtlich sein soll, auf welche Tatsachen sich die Feststellung jedes einzelnen Merkmals, insbesondere auch des Vorsatzes und der Absicht stützt, und weshalb diese Tatsachen für erwiesen erachtet worden sind. Wenn sich Verhandlung, Urteilsfindung und Urteilsverkündung in Gegenwart und unter Mitwirkung der Schöffen vollzogen haben, weshalb soll dann hinterdrein der Richter noch ein möglichst umständliches Urteil verfassen, statt sich auf die unumgänglich notwendigen Feststellungen zu beschränken? Der Öffentlichkeit ist die Strafe und die kurze mündliche Urteilsverkündigung maßgebend, und die zweite Instanz prüft in den meisten Fällen fast ausschließlich das Protokoll der ersten Instanz, nicht das schriftliche Urteil. Die Vielschreiberei ist schon seither dem Ansehen unserer Justiz nicht förderlich, sondern abträglich gewesen und sie, sowie das immerwährende Aktenstudium haben es bewirkt, daß unsere Richter meist in einem Alter verbraucht sind, in dem die englischen Richter erst zu den höchsten Stellen aufsteigen.

Aber auch die Beteiligung des Laienelements, so wertvoll sie ist, kann uns noch nicht die Abstellung sämtlicher Unzuträglichkeiten verschaffen. Erst wenn zu den Garantien der Öffentlichkeit, der Berufung und der Beteiligung der Laien noch die Durchführung des reinen mündlichen Parteiprozesses hinzutritt, sind sämtliche Grundgarantien eines einfachen, klaren, volkstümlichen und zugleich modernen Verfahrens erfüllt. Dann genießt der Beschuldigte die einem modernen Menschen gebührende würdige Stellung als selbsttätiges Prozeßsubjekt. Der einerseits bevormundende, andererseits mißtrauische Geist eines rückständigen Gesetzgebungswerkes ist gebannt. Der Strafprozeß, der von den Juristen des Zivilrechts seither geringschätzig behandelt worden ist, reiht sich ebenbürtig den anderen neuen Gesetzgebungswerken des Reiches an. Eine Brücke führt von diesem Prozesse zum Zivilprozesse und beide Prozeßarten können sich in gegenseitiger Anregung und Befruchtung weiter entwickeln. Vor allem aber werden wir beim Strafgesetzbuch klarer sehen, wo dessen Reformbedürftigkeit liegt.

Druck von Otto Walter, Berlin S. 14.

FSC
www.fsc.org
MIX
Papier | Fördert
gute Waldnutzung
FSC® C083411

Kolibri 360 GmbH
Ferdinand-Jühlke-Straße 7
99095 Erfurt, Deutschland
produktsicherheit@kolibri360.de